好孩子的成功99%靠妈妈的鼓励

陈美云 ◎著 林静宜 ◎采访撰文

海天出版社（中国·深圳）

图书在版编目 (CIP) 数据

好孩子的成长 99% 靠妈妈的鼓励 / 陈美云著；林静宜撰 . —深圳 : 海天出版社 , 2015.01

ISBN 978-7- 5507-1207-7

I. 好… II. ①陈…②林… III. 家庭教育–经验 IV.① G78

中国版本图书馆 CIP 数据核字 (2014) 第 2278992 号

版权登记号 图字：19-2014-141 号

好孩子的成功 99% 靠妈妈的鼓励
(HAO HAIZI DE CHENGGONG 99% KAO MAMA DE GULI)
海天出版社出版发行
(地址：深圳市彩田南路海天大厦 518033)
http://www.htph.com.cn
订购电话：0755-25970306, 83460397

出 品 人：陈新亮
执行策划：桂 林 黄 河
责任编辑：涂 俏
责任技编：蔡梅琴
特约编辑：吴月丹 杨华妮
装帧设计：张 英

深圳市精彩印联合印务有限公司印刷 海天出版社经销
2015 年1月第1版 2020 年10月第2次印刷
开 本：787 × 1092mm 1/ 32
印 张：6
字 数：156千字
定 价：29.80元

致读者信

亲爱的读者们：

看到我的新作要出简体中文版，我深感荣幸。在此，我特别想与读者分享两件事。

第一件事是在孩子小的时候，父母对于爱的拿捏尤为重要！当爱太多了，就会产生“爱之适足以害之”的后遗症。父母用了一分时间去溺爱，就要花十分力量来扭转，这十分辛苦。

第二件事是学会两种以上的语言。在全球化的今天，如果想要提高竞争优势，孩子们除了精通中文外，必须要有好的英文能力，如能力所及，最好还能具备第三种语言能力。

期待本书问世后，有更多的孩子在最适当的爱的教育下，发挥上天给予的天赋，快乐地做自己！

陈美云

推荐序

吴昆民
祥圃实业董事长
吴季衡、吴季刚之父

一生的牵手

为陈美云女士第一本书写序，是使命，是荣幸，更多的是忐忑，虽爱舞文，却有难以下笔的困窘，但是荆命不敢违，只好勉力而试。

2011 年某天，吴妈妈告知，有人找她出书，谈子女养育，询问我的意见，直觉反应，望子女成龙凤，是天下父母共同的期望，只是方法不同，方式各异而已。季衡只有一个，季刚无法复制，天、地、人各项因素，皆有差异，经验不易传递，还是藏拙吧！

此后，她常受邀与学校老师，学生家长分享亲子议题，得到很多正面反响，见证亲子关系改善而乐在其中，吴妈妈心中整理教养孩子的吉光片羽、留作纪念的愿望再度浮现。因缘巧合，2011 年天下文化提出企划，林静宜小姐与吴妈妈相谈合拍，出书计划定案。起初配合顺畅，谁料到公司新创事业，吴妈妈再挑大梁，访谈时断时续，因此这本书的出版也变得遥遥无期。

这些变量，因为季刚今年（2014 年）将回台参加 3 月的台北市北区扶轮社 55 周年社庆而明朗，出版时间终于确定。

吴妈妈与静宜小姐说写俱佳，通读原稿，生活的轨迹、移民的点滴，再度汇集呈现，历历有如昨日。一念之间的选择，衍生无数的辛酸、惊喜、挫折、欢喜、失落、收获，这些回忆成为人生故事，生命乐章。

对我来说刻骨铭心的感受，就是 1993 年 9 月 24 日，在温哥华大略安顿，隔天要返回“台湾”，那天晚上，吴妈妈心情复杂，我则辗转难眠，夜深人静，徘徊在季衡、季刚卧房之间，凝视他们童稚脸庞，异国他乡，间隔万里，心中难舍，不禁潸然泪下，至今难以忘怀，却是我的秘密。

这本书，补足了季衡、季刚成长过程中我缺课，知晓“陈宝钏”（我给吴妈妈的昵称）母兼父职的辛勤伟大，了解儿子适应环境的勇敢毅力。

重新审视丈夫、父亲的角色与责任，我与儿子虽聚少离多，但情感深厚，总在适当时机引导做人态度：一、感恩惜福；二、守诺负责；三、赤子之心。我是个幸运者，有祖先的庇佑，父母、岳父母的栽培，兄姐朋友的关怀，祥圃伙伴的协助，造就季刚成名为吴家添彩，季衡、筱惠陪伴身旁延续理念的实现，但最重要的是陈美云，这位我在 18 岁就决定互相依靠并牵手一生的人，由同学、情人进而夫妻、伙伴，她善待家人、相夫、教子、创业……内外兼备。她容忍我的好奇、冒险、任性、急躁、不离不弃，她是我生命的贵人、生活的导师，是我们家的珍宝，随着岁月增辉。

谨以喜悦感恩心情祝贺新书出版，野人献曝，期望对父母们思考快乐童年，多元教育提供浅薄之见，如有谬论，敬请包容见谅。

自 序

孩子帮我上的人生课

我不是教育者，也非教养专家，只是一位平凡的妈妈。如果说，30 多年来的教养历程累积了些许收获与心得，莫过于孩子帮我上的人生课。我常在想，自己何其勇敢——挑战了“台湾”传统教育思维。当年走的每一步，我心头着实战战兢兢，生怕做出错误决定，误了孩子一生。

现在，吴季衡（Kevin）、吴季刚（Jason）都拥有了一片展翅翱翔的天空。如今我回头检视，如果说我真的做对了什么，其中一个关键是，我学会尊重生命个体的独特性。我真的很感谢全职妈妈这一身份，让我有充足的时间找出两个孩子的差异。虽然现代父母常是工作、家庭两头燃烧，但我要强调，正确的教养必须从“观察”开始，就算是双胞胎，个性还是有不同之处。所以请务必花时间与孩子相处，把握机会好好观察孩子。

在 30 多年前，甚至是现在看来，我的不少教养观念是打破传统的。比如，我认为学音乐等才艺的目的是为了娱乐，拜托老师放水，不需要严格要求孩子的进度；我也认为不能把英文当成功课来教，学习要生活化，请家教不用要求孩子背文法、单字，只需多带两兄弟出门，全程以英文聊天。

我也不会因为图方便，让孩子读同一所学校。从小，两人就是各自就读适合自己个性的幼儿园，长大后也是如此。记得第一次带他们赴美读书，我们母子三人拖着七、八个行李箱，先到大儿子就读的位于康乃狄克州的高中学校，办完所有手续，再带着小儿子坐几个小时的车到位于马萨诸塞州的初中报到。往后，我都如此舟车往返探望他们，不以为苦。

我其实不是完美妈妈，在教养这件事上，也是经过碰撞、摸索、调整以及学习而来。

教养是一支互动的双人舞，孩子也是父母的好老师。有一年，季衡到日本温泉饭店打工，先生带着我、季刚去看他。当我见到大儿子变黑，不似以往整洁，当场说了他几句，季刚在旁出声制止："妈妈，不要在大庭广众下说哥哥，这样不礼貌！"小儿子的话提醒了我，父母应该给予孩子尊重。

教养更是夫妻共同的事。夫妻的相处是否融洽关系着孩子对家庭的看法，要想教好孩子，两人就要站在同一阵线上。我很感谢先生的支持，当我碰到瓶颈，他的话语如醍醐灌顶，让我调整思维，不断进化成孩子口中的"好妈妈"。

在这条教养的路上，我的父母也给了很多帮助，我们婚后的头几年是住在娘家；我的妹妹陈美龄，当年协助我们寻找学校并帮我照顾他们；还有季衡、季刚在美国求学期间，我的表姐陈文斐（Vivian）总是热心协助我及接送孩子，她的开车技术一流，方向感清晰如指南针，是最贴心的义工导游。在我勇闯不一样的教育路上，碰到许多贵人，碍于篇幅，无法一一列出言谢。

早在5年前，我就动起记录的念头，一开始，纯粹只是想趁记忆犹新，记录教养孩子们的回忆，留做纪念。当时我已做了多场演讲，发现在教养这条路上，每个爸爸、妈妈都会遇到类似的亲子问题，尤其有2个以上孩子的家庭。不过，因为工作忙碌，这一愿望迟迟无法付诸行动。后来，在一个场合碰到高希均教授，他鼓励我出书，天下文化也为我找来静宜，我们相谈甚欢，从2011年底开始，陆续接受静宜的访谈，跟她口述故事的过程中，我也重新回味了我的人生。

我喜欢分享，也因为自己亲身挑战过一条有别于传统的教养之路，想帮助更多像我一样的父母，以及无数个季衡与季刚，期望每对父母都能用爱让孩子做自己！挑战传统教育需要勇气，但我相信，新时代的父母有能力学习更多的教养智慧，让每个孩子都能充分发挥天赋，快乐成长。

最后，谨将此书献给我的婆婆吴赖不碟女士、父亲陈林先生及母亲陈文英女士，感谢他们的教养与教导。

目 录

第 2 章

掌握教养时机，播下观念的种子

第5章

爱的是非选择题

前言

奥巴马夫人穿上了季刚设计的礼服！

2008年11月下旬，我正在北京攀登长城，电话忽然响起，是小儿子吴季刚打来。他兴奋地说，美国准总统夫人米歇尔·奥巴马（Michelle Obama）穿着他设计的黑白相间洋装，接受美国ABC电视专访。

长城上的风声成了越洋电波的背景，电话这头的我，心跳得好快，惊喜地想着："真好！这对孩子来说是多么大的一股肯定力量。"分不清是因登高而让呼吸加速，还是季刚分享的好消息所致，终得一见的壮阔边塞风光，也比不上此刻为孩子高兴的心情。

没想到，在2009年1月20日的美国总统就职典礼舞会上，米歇尔竟选择季刚设计的白色斜肩雪纺纱礼服。按美国华府传统，这件礼服被史密森美国国家历史博物馆（Smithsonian National Museum of American History）收藏。

过去50年，博物馆从艾森豪威尔总统开始，都会典藏历任第一夫人的就职典礼的晚礼服。

由于事前保密，我并不清楚季刚获得米歇尔服装顾问戈曼女士

（Ikram Goldman）的邀请，设计就职晚礼服一事。后来才知道，戈曼女士选了几位设计师，告知款式必须充满力量、捐赠与保密的需求，但第一夫人最后会穿上哪位设计师的礼服，没人能预料。

季刚也没透露只言片语给我们。

儿子，我以你为荣

我们只知道他那阵子忙到天昏地暗，常找不到人。他好不容易接了电话，问他在忙什么，他回答不能说，但得常跑芝加哥。先生当时听了，心里闪过“该不会是在帮即将就任的美国第一夫人设计礼服吧！”的念头，不过，这猜测我们只放在心底，反正不管怎么问，只能得到“不能说”的相同答案。即便如此，华盛顿 D.C. 当地时间 1 月 20 日中午的美国总统就职仪式，我跟先生两人还是守在电视前，等着看 CNN 的现场转播。当我们看到米歇尔身着柠檬绿洋装出场，便知道那不是季刚的作品。我们两人还互相安慰，儿子这么年轻，哪有可能是他？由于隔天还要上班，我们关掉电视，上床就寝。我们做梦也没想到，惊喜在后头。

美国总统就职，除了白天仪式，晚上还有三军统帅舞会（Commander-in-Chief's Ball）。季刚事后告诉我，自己根本没有预期能够被选中，所以从电视直播看到夫人身上那款白色斜肩礼服时，他整个人从沙发上弹跳起来，脑袋一片空白，无法思考，不可置信地边跳边叫：“Oh！ My God！”喜极而泣之际，闪过的第一个念头，就是要打电话告诉我们。

舞会时间是美国晚间 8 点，台北与纽约、华盛顿 D.C. 时差约 13

小时。当时是台北的上班时间 9 点，我跟先生刚到公司地下室车库。季刚先拨我的手机，我正从地下室走上一楼，没接到电话，他改打爸爸（吴昆民）的手机。

“爸爸！米歇尔穿了我设计的晚礼服！”先生形容，儿子的声音好激动，“弟弟，地下室信号不好，我们上楼打给你。”当先生告诉我季刚的衣服被选上的消息，我觉得一切都不可思议，如同做梦般。

进办公室后，我们立刻拨电话给他，“妈妈！米歇尔穿了我设计的衣服！”季刚再跟我说了一遍。“哇！你好棒！真的好棒！我们以你为荣！”隔着话筒，听着他开心得不能自已的声音，我也跟着掉泪，这孩子从 5 岁开始，就说长大要做设计师啊，他真的做到了！

我的孩子与别人不一样

只是，成功并非一蹴而就。泪水的滋味五味杂陈，里头有溢满的欢喜。这个孩子小时候曾因为喜欢做娃娃，被人嘲笑，但他却坚持走在梦想的道路上，如今梦想成真，我真的为他感到骄傲与不舍。

在这之前，我们还在跟他讨论能否不要坚持自创品牌。在纽约这个全球时尚重镇自创品牌，能出名是凤毛麟角，每举办一次品牌发表秀，几乎要烧掉他之前的全部获利。他每次都得重新累积，才能再举办下一场秀。看他那么辛苦，我们当然心疼，希望他能够思考收手的可能性。

“弟弟，时尚产业太贵了，我们是不是玩过就好？”“妈妈，如果是玩过就好，干脆一开始就不要玩。”他当然不答应。不过，后来他跟我承认，虽然当下说不会打退堂鼓，但其实已在默默盘算替代方案。

泪里，也有隐隐的担忧。今天过后，他将面临各方的关注与聚焦，一夕成名，从表面上一时风光无限，背后接踵而至的压力、脆弱才是挑战。我当下最想做的事，就是飞到他身边，给予支持的力量。

泪中，还有我们一家人走过的回忆。这孩子从小就跟别人不太一样，社会上某些传统价值观认为男生不该做的事，他却喜欢做。我的两个孩子，两种性格，老大走过的路，在老二身上根本行不通。季刚告诉我，他想做自己，不要再叫他做哥哥。

两个孩子，两种性格

很多人好奇，我是如何带大季衡与季刚两兄弟？老实说，与大部分妈妈一样，我也是为人母后，才开始从中学。

从小，季衡就是个典型的乖宝宝，考试常拿一百分，是不太需要担心的资优生。他提前被美国名校约翰·霍普金斯大学录取，双修国际关系与经济学，后又拿到日本早稻田大学企业管理硕士。而不爱念书，只喜欢娃娃与艺术，不太愿意接受传统规范的季刚，走的却是另一条完全不同的道路，二十多岁就成为世界知名设计师，作品被美国博物馆收藏。

在 30 多年前的保守大环境里，如何教养这两个孩子，对我来说是很大的挑战。在这一过程中，我产生了许多错误观念，花了好长一段时间才矫正回来。尤其是季刚出生后，他与哥哥的截然不同，我不但无法用同一套教养方式，也让我有机会反省给老大的教养方式是否正确。我开始思考，究竟什么样的方式，对孩子才是真正的爱？

经过 30 多年的摸索，现在我确信，父母能给孩子真正的爱，是让孩子在成长的每个阶段，都能发现、接纳自己，以及挖掘、发挥出自己的天赋才能。

英文的“Gift”是礼物，也代表人的天赋。孩子就像是上天给父母的礼物，如何让这份“礼物”发挥个人“天赋”？ 这个问题，是我教养孩子的思考起点。

第 1 章
做父母，是艺术也是学问

父母的爱，若缺乏理解，容易成为孩子的束缚；天赐的“礼物”，若缺少智慧，不易看懂孩了的天赋。

很多人当了父母之后，才发现由接受到给予的转换过程，不自觉用了很多善意，却令孩子窒息的教养方式，导致丰盛的爱无法顺畅流动。

真正的爱是一门艺术，请尊重每个生命的独特性，陪伴、理解孩子的个性与潜力，并在对的时机，支持、提供孩子所需的资源与环境。

花时间观察孩子

很多现代父母为了方便，往往是老大读哪间幼儿园、给哪位保姆带，老二就往那里送，依样画葫芦，这已经犯了教养的大忌。

同一对父母、同一个屋檐下长大的手足，个性常是截然不同，很多心理学研究也指出类似结论。从季衡与季刚两兄弟身上，我很早就印证这件事。

季刚未满2岁时，有次两兄弟趁我在忙，跑到浴室大玩特玩，弄得到处都是水，墙壁、地板全都湿答答的。我决心要处罚他们的调皮，因为保持整洁是我很重视的生活教育之一。

虽然，我算是开放的母亲，很愿意让他们尝试新事物，但非常重视两人的规矩。我认为，孩子的生活教育与知识教育同样重要。父母要像玉匠，孩子还小时就要慢慢雕琢，这样孩子才能养成良好的生活习惯。

有些规定我一定要他们遵守，例如，不能跳床；起床后要把棉被叠好；上完厕所，要尊重下一个使用者，保持马桶、洗手台的干净，而且擦手纸要留下来，等晾干后，我会回收再利用，拿去擦地。

所以，当我看到浴室地板上的水时，我脸色一沉，不发一语，把浴室门拉起来，从外头上锁。兄弟俩知道大祸临头，不敢再玩，安静地坐在里面。过了十几分钟，他们意识到，这次妈妈很生气，没打算那么快原谅他们，于是季衡开始哭着说："我下次不敢了！"

我其实没走远，一直坐在外头，隔着门听两人的动静。

原本以为季刚会跟着哭，两兄弟合奏二部曲。出乎意料，这位老兄竟然没出声，见哥哥哭得伤心，还老神在在安慰哥哥："不用哭啦！妈妈等一下就会放我们出去。"说完，再去打开水龙头，玩了一下水，才回来坐在哥哥身旁。

要不是我还在气头上，准会被两人的对话逗笑。面对相同的情境，两人反应大不同，这是天生的个性使然。

事实上，他们两人连吃东西的习惯也不相同。

为了让孩子的营养均衡，我会把每餐烹调的菜色，依照他们的食量，摆放在同一个餐盘里，规定他们要全部吃完，不够可以再加，但不能挑掉盘中不想吃的食物。这时，季衡总会先吃他觉得难吃的食物，把好吃的留到最后。季刚则相反，一定从喜欢的开始吃。比如，小时候两人都喜欢吃肉，弟弟一定会把肉吃完，他吃东西的速度又比哥哥快，吃完自己盘内所有食物后，他的眼睛就会咕噜咕噜转，望向哥哥的盘中肉。

"哥哥，你不要吃这个啊？我帮你吃！"一说完，他手疾眼快地挟起哥哥盘中的肉，放入嘴里，津津有味咀嚼最后一口美味。

哥哥反应不过来，只能眼睁睁看着喜欢的食物被弟弟一口吃掉，气得说：“我不是不要吃，我是把最好吃的留到最后。”

最适合的才是最好

从吃饭、日常生活细节，我明显感受到两兄弟个性的不同，到了幼儿园阶段，我更观察出两个孩子不同的人格特质。

老大读的是中规中矩的幼儿园，园内有人工草皮，每天整齐出门，干净回家，一进门就学写字、读书，所以他写了一手好字。

弟弟与哥哥相差 2 岁 3 个月。3 岁半时，他发现哥哥可以去上学，也吵着要去。我告诉他年纪太小，要再等一年，他竟然回我：“妈妈，你不公平，只让哥哥念书，不让我念！”

我跟先生讨论后，觉得让他上学亦无不可，于是带他去参观哥哥就读的幼儿园，看完后，他皱着眉说不喜欢这个学校。

我原先打算让两人读同一所幼儿园，方便接送。

“为什么不喜欢？”我问他。

“这个学校不好玩！”他摇摇头。

两个孩子，两种性格，我很早就发现两兄弟的个性大不同。

说实话，我也不知道他的“不好玩”是什么意思，可能是哥哥的学校要穿得干干净净、整整齐齐，他不喜欢吧！

正当我烦恼着要为他选读哪所幼儿园时，有位朋友告诉我，汐止（位于中国台湾新北市的市辖区）有一家新的森林幼儿园，建议我带孩子去看看，当时的校长李萍是中国台湾人本教育的代表人物。

我直觉这是适合季刚的学校，应该不会让他觉得“不好玩”。我带他去逛了一圈，他马上开心地跟我说：“哇！妈妈，我爱死了！我好喜欢这里，我要上学。”

这间幼儿园就像一座森林，可以让孩子玩得不亦乐乎，里头每个孩子看起来都很开心。学校里有鸡、鸭、兔子、狗等小动物为伴，后头的小山坡有挂在树上的绳子秋千，孩子可以自由地荡来荡去。孩子在校园内穿着拖鞋玩乐，全身玩得脏兮兮也没有人会管，为此，我每天得帮季刚准备两套衣服替换。

好玩的是，学校老师不教写字，而是“剪”字。例如，今天要学“大”这个字，老师会发一篇短文，学生只要把文章内的五个“大”字剪出来，功课就算做完。开学发的签到本更具创意，是用小手沾印泥，直接盖在本子上；回家的联络本也不要学生写名字，剪一撮头发贴上去就好。每天就这样剪来剪去，我有时在想，季刚现在手这么巧，这么会剪东西，可能就是那时训练起来的吧。

搞定季刚的学校后，我动了另一个念头，既然弟弟不去念哥哥的学校，那哥哥可以反过来去读弟弟的学校啊！

于是，我带季衡去看森林幼儿园，试图制造两兄弟同校的机会。

“他们的厕所好脏，大家玩完后，鞋子踩进来都是泥土。”季衡一看，就觉得很不习惯，也不喜欢。既然两人都不喜欢彼此的学校，我也不勉强其中一位配合，决定让他们各自就读喜欢的幼儿园。

是孩子难带吗？

常有人问我，自由开放跟传统的教育方式，哪一个比较好？和孩子一起走过 30 年，我只有接受他们确实不同，且用同一套方法是行不通的。我的心得是，每个孩子都有不同的个性，应该根据他们的个性来选择，只要学习环境、教育方法适合这个孩子的个性，就是好的。

把一个很有想法的孩子放在很呆板的教育框架里，他不会快乐，也达不到加分的学习成效；反之，把一个中规中矩的孩子放到开放思考的学习环境里，他可能会无所适从，不见得能学得更好。

当父母摆错位置，他就变成别人眼中难搞的坏孩子，真实的他并非如此，那孩子岂不很无辜？不过，这需要父母花时间观察，从日常生活小细节、亲子相处的过程中，看出孩子的个性、天赋。千万不要老大在哪，老二就送到哪。

因为清楚两人个性不同，即使两兄弟在美国时，我也没让他们就读同一间学校，一个在康乃狄克州读高中，一个在马萨诸塞州读初中。我每次从机场去学校接他们，或是探望他们，光是车钱就所费不赀。那时不少朋友都觉得我很奇怪，为何不让孩子们就读同一所学校？

季衡个性稳重，爱打篮球，学校课业对他来说不是问题，他需要的是一所能让他同时兼顾学业与运动、兴趣的学校；季刚不擅长读书，却很有艺术天分，需要自由多元、艺术资源丰富的学校。

我很清楚，这两个孩子的个性、兴趣南辕北辙，很难有一个环境会同时适合两人，既然如此，何不让他们各自就读最符合兴趣的学校？

生命的美妙在于独特

因为季刚的关系，我常被邀请去演讲，分享陪伴孩子成长的心路历程。每次，我都会问在场家长:“家里有两个孩子以上的请举手。”

我再问这些父母:“这两三个小孩的个性一样的，请举手。”多场演讲下来，没人举手。

假设这两三个孩子都是在父母的期待与爱中来到世上，给他们相同的资源，甚至从小到大就读的学校都一样，最后，他们还是会发展成为不一样的人。

这就是生命的美妙之处。每个孩子特质不同、喜好不同，随着成长路上碰到的人、事、物，他也会跟着吸收、变化与成长，每个阶段都会呈现不同的景致。身为父母的我们，是否用心打开眼睛，仔细欣赏?

当上天把礼物（孩子）送到你手上，如何让这份礼物发挥天赋?

我的答案是，第一步请尊重每个生命的独特性，充分理解孩子的个性。这是爱的艺术，也是良好亲子关系的起点。

我很幸运，收到上天给的两份礼物。我不是什么伟大的教育家，也没有高深的教育理论，只是从生活细节中观察出了两个孩子的个性，同时理解他们，让他们能够做自己、成为自己，以及活出自己。

教养方式要随时调整

教养孩子没有一定准则，拿捏松紧之间，必须聆听孩子的内心，这不是专家或是教养理论能给你一个标准答案的。

老实说，我也曾是一个紧张过度的母亲，后来花了好多功夫与时间，才解决自己“制造”出来的问题。

结婚多年，才怀了第一个孩子，那时已经31岁，担心会出任何差错，一得知怀孕，立刻把原先经营的牛排馆转让出去，专心待产。

老大出生后，我费心研读各类教养书籍，全心全意思考要如何才能带好孩子，对他的照顾可说是无微不至，像榨好的柳橙汁都先用纱布滤过后才给他喝，所有要给他用的东西都需要消毒两遍以上，后来我惊觉，这样的爱太过了。

因为过多的保护，我养出了“温室”宝宝。

每次家里有客人来，他就躲在我两脚中间，不敢与人接触，也不想跟人说话，久久才将头抬起来，偷看一下，马上又躲回我两脚中间。而且他很黏人，只要我跟先生不在他的视线之内，他就会不知所措，也不太跟其他孩子互动。

更糟的是，因为我把家里打扫得太干净，以至于他无法适应家以外的环境，不敢在外面上厕所，宁愿憋着。只要出门，我们就要带着他的尿桶，否则又要憋到回家。

即便他的幼儿园厕所很干净，但他每天放学回家的第一件事，就是冲去上厕所。

季刚出生后，我同时要照顾两个孩子，无法像只有老大时那样，把什么都弄好给他，结果，他反而有机会与空间学习。直到有一天，我看到竟是弟弟剥橘子给大他 2 岁多的哥哥吃，看到这个景象，我整个人像是被冷水浇醒，瞬间闪过一个念头："怎么办？我怎么养出一个没有能力适应外面环境的孩子？"

我重新思考，花了好几倍时间，训练季衡走出去。首先，从能够在外头上厕所开始。我跟他说，要带他去日本迪斯尼乐园玩，"利诱"他答应不带尿桶出门。选择日本的原因是，这个国家重视环境整洁，较能让他勇敢踏出第一步。

"因为这次我们要坐飞机，所以不能带你的小桶子一起去哦！"

"万一他们的厕所脏脏的，我不敢上，怎么办？"看得出他的内心很挣扎，不想错过去迪斯尼乐园的机会，又怕没有熟悉的小桶子。

"妈妈一定会帮你找到干净的厕所。"最后，在我的再三保证下，迪斯尼乐园的魅力战胜了小桶子，从日本回来后，他发现原来上外面的厕所没想象中可怕，成功摆脱了要带尿桶出门的日子。

过夜、暑期活动，训练独立个性

第二阶段是让他有机会与同龄孩子互动，改变他怕生的个性。于是，我邀请他的幼儿园同学来家里过夜。

通常，我会先提出邀约。当你先付出，才可能有所得。先请别人家的孩子来家里住一晚，尽心招待后，才有机会让他去同学家过夜，有来有往，开启交流的机会。这样的过夜活动曾有个小插曲，至今让我印象深刻。有个住在隔壁大楼的小朋友来我家过夜时，我跟他说："吴妈妈帮你准备了小夜灯，晚上若想上厕所，开灯就可以看到厕所了。"我怕他不习惯，睡前还特别确认他知道小灯与厕所的位置。

第二天他回去后，我打扫客房时，隐约闻到一股尿骚味，不过检查床单，并没发现小朋友尿床。隔天，味道更重了，我把房间上上下下全检查过，还是没发现异状。没想到，味道一天比一天重，最后我才在书桌底下的玩具箱里发现"凶手"——装着乐高玩具的一个罐子。原来那位小朋友半夜不敢自己上厕所，只好让乐高罐变成"尿高"罐。

孩子的适应力是需要被训练的，通过让季衡到别的小朋友家过夜，一次一个晚上，渐渐地，他从中学会如何适应陌生环境。

第三阶段是训练他在外头独立生活。我送他去参加暑期夏令营活动，这是为了让他不要再那么黏着父母。他一上小学，我就送他去参加救国团暑期营队。救国团营队很像小型的军事训练营，在野外露营、洗战斗澡，几天后回来，季衡整个人晒成小黑炭（他原来肤色很白），全身还因为过敏长了痱子。他的外婆看了心疼得不得了，生气地问我："赶什么时髦？干吗把孩子送去那种地方？"其实我也舍不得，但告诉自己，一定要狠下心把他交出去，才会有机会让他成长。

我也反省，不应该第一次就让他这么辛苦。第二次，我找了俱乐部举办的夏令营，餐宿、环境都很好。不过，为了让他接触更多朋友，不希望他养尊处优，我后来尽量避免送他去高级夏令营，而是安排他体验各种不同的暑期活动，慢慢训练离家生活的能力。

自己搭飞机到美国

到了小学五年级，我开始送季衡出国，参加露营课程"Camp Sloane"，还让他一个人搭机到美国芝加哥转机。当时因为班机延误，他得在过境旅馆睡一晚，空姐问他会不会怕，需不需要人陪？他很勇敢地回答不用，可以自己睡一间。

这类露营课程大都位于郊区的大型户外训练中心，有点类似魔鬼训练营，整天爬上爬下，为期一个半月。季衡去了之后，第一次发现自己学的英文，与人沟通时好像不太够用，一开始很受挫，但他通过结交美国朋友，从彼此互动中，很快学习"说"英文。

隔年暑假，我就送两兄弟一起去参加。季刚虽然不像哥哥那么喜欢运动，但他很开心，因为除了体能训练，孩子们还能依自己的兴趣选择才艺课程。季刚的巧手让他如鱼得水，成为同伴争相讨教的对象。

如果我一开始不要这样过度保护孩子，之后根本不需要花这么多时间来解决这些问题。

教养某种程度上是因果法则，种下什么因，就会结出怎样的果，如果父母不愿适度放手，给孩子自主的空间，保护过度，到头来，还是得自己收拾残局。

不过，训练孩子独立的过程必须循序渐进，而不是用高压方式直接命令他去做某件事，当孩子反抗时，斥责他为什么不勇敢，这样反而会造成孩子的心理压力，就像喝一碗热汤，也要等它变凉，才不会烫舌。

如果一次就要孩子跳到最高难度，他发现做不到后，就会丧失自信，若父母又无法适时排除他的负面情绪，很容易让孩子对尝试新事物产生害怕、恐惧的想法，适得其反。

我的心得是，若希望引导孩子做些改变，父母一定要慢慢来，千万不要直接用父母的权威逼孩子就范，孩子自然会进入正面循环的学习模式。

用爱联结孩子的天赋

“男孩子喜欢娃娃有什么好奇怪，这也是艺术啊！”一直到我们夫妇俩听到当代景观雕塑艺术大师朱鲁青教授的意见，才恍然大悟自己受限在传统框框里，差点错失孩子的天分。

要看出孩子在哪方面有天分、对哪件事有兴趣，不是件容易的事。有的小孩很小就崭露自己的天赋，有的孩子是在成长过程里，慢慢摸索出来。季刚属于前者，他爱画画，喜欢美的事物，从小就崭露出对艺术的喜好。

小时候，我给两兄弟吃布丁，季衡像大部分孩子一样，打开就直接吃，季刚则不同。他会到厨房拿漂亮的小盘子、小汤匙，把布丁倒扣至盘上，在墨色焦糖上洒七彩的巧克力米，摆得漂漂亮亮，这时才坐下来，用小汤匙一口 、一口挖来吃。

问他为什么要这样？他会回答：“这样美美的才好吃！”

季刚很喜欢吃甜点，愈美的，愈想吃。他会看糖霜、装饰与点心之间的颜色搭配，好奇那些五颜六色的甜点尝起来的味道。他除了品味，也审美。

季衡上幼儿园前，我们住在娘家。我爸是退休公务人员，每天会发给两个小孙子，一人一张日历纸与画笔。我注意到季刚只画娃娃，不像哥哥，会画小汽车、小鱼等不同主题。

我那时心想，会不会是他常跟表姐温迪（我哥哥的女儿〕玩，所以都画娃娃？我哥哥没有儿子，非常疼爱季刚。季刚小时候也叫他爸爸。温迪大季刚七八岁，我出嫁前带过这个小女孩，所以她跟我们的感情很好，甚至叫我妈妈，而不叫姑姑。她贴心又聪明，各方面表现都很好，是两兄弟的榜样。

那个年代的小女生很迷芭比娃娃，每回季刚去表姐家时，她就会拿出收藏的芭比娃娃和季刚一起玩，或许，这是季刚设计天分的启蒙点。

别受限传统价值观

最初，我不以为意，认为只要季刚上了小学，就不会那么热衷娃娃，无须太过担心。但是，他却愈来愈喜欢娃娃，到了着迷的程度，开始会吵着要买新娃娃。每次逛百货公司，他常一头钻进娃娃专柜，东看西看，爱不释手。只要有新娃娃上市，他就会很兴奋地要我们带他去买。

以前的社会价值观较保守，大家普遍认为，男生就该玩汽车、机器人等，娃娃是女生的玩具。季刚是个观察力敏锐的孩子，也感受到旁人的异样眼光，会不好意思拿去结账，但又想买，他的折中做法是自己进去晃一圈，再出来指给我们看他要陈列架上的哪个娃娃。

我也是这样的认知，我跟先生说：“他喜欢娃娃没有错，但我们有必要一直买给他吗？”为了这件事，我甚至去请教一位小儿科医师。

“你儿子长得肥肥壮壮的，就是个小男孩，他喜欢娃娃有什么关系？”医师要我不用担心。

老实说，医师的话无法让我宽心，一直到先生转述国际知名景观雕塑大师朱鲁青教授的话，我才恍然大悟——自己受限在传统框框里，差点错失孩子的天分。

当时我先生是中兴大学畜产学系系友会秘书长，为了制作系友会纪念雕塑品，与这位艺术大师相约在校区碰面，相谈甚欢。谈完正事，闲聊之际，先生向朱教授请教了一个影响我们对季刚教养态度的关键问题。

“教授，想请教您一个有点伤脑筋的事，我有个儿子很喜欢娃娃，我们不确定该怎么做对他才是最好的？”

“哈哈！男孩子喜欢娃娃没什么好奇怪，你们不用在意，我自己就收藏了 300 多个娃娃，娃娃是很美的艺术，也是我的灵感来源。”日后我们才知道，朱教授是全台搜集精致洋娃娃最多的人，从世界各国搜集回来的娃娃，足以成立一座娃娃博物馆。

先生转述完大师的话，我听完后茅塞顿开。如果在国际设计大师的眼里，娃娃就是一种艺术，我何必穷担心，介意世俗的眼光？而且，经过我的长期观察，季刚的确拥有艺术天分。心里头笃定、踏实后，在能力范围内，或自己去买或托人，我们尽力帮孩子搜集各国的芭比娃娃。

还有，季刚从小喜欢跟着外婆看京剧，电视上播出的远远不够他看，他见到郭小庄在国父纪念馆公演的广告，希望能跟着外婆到剧院欣赏。于是，我帮他买了票。

现场服务人员见到我妈妈带着小孩来，怕他会吵闹，本不让孩子进去，季刚的外婆保证孩子一坐不住，马上带他出去，绝不会影响其他观众。没想到，5 岁的他竟能安静看完全场。问他哪里好看？他回答我们："我不是听声音，我在看演员的服饰与装扮。"

当天分碰上现实环境

我们顺着孩子的兴趣，让他做自己。不过，就算我们知道这是孩子的天分，但 20 世纪 80 年代的"台湾"学校教育保守传统，季刚从森林幼儿园进入体制内的小学教育后，开始出现无法适应的状况。这对我而言也是个挑战，光是拿参加两兄弟的学校家长会为例，我就要在两种心情里转换、调适。

季衡在校成绩优异，参加他的家长会，听到的都是赞美，我只要准备一颗愉悦的心就可以出门。如果是参加季刚的家长会，老师常反映他在课堂上无法集中注意力，要我多注意，并加强他的功课。老实说，这情形令人倍感压力。

季刚对制式、单调的学习不感兴趣，注意力无法集中，写字常是少一撇、一点，甚至会颠倒，我伤透脑筋，不知该怎么办？

另一个烦恼是，他静不下来，整天精力充沛。小学的午休时间，对他而言简直是酷刑，所以午觉时间他都是醒着，听到老师的脚步声，才假装在睡觉。等老师走过又睁开眼，竖耳倾听外界动静，结果发现不少秘密。

我还记得有天他放学回来不太高兴，跟我嘟囔着：“老师用饮水机洗自己的便当盒。”原来，老师告诉班上同学不可以用饮水机的水洗东西，他觉得老师没有遵守规定。

没过多久，他又很不开心地跟我抱怨，开学时老师叫他们交抹布，自己却把最好的留起来，剩下的抹布才给同学用。再隔几天，他又说：“老师今天叫值日生帮他洗车子，被我听到了。”季刚喜欢打抱不平，会直接表达自己的想法。但在以前的年代，学生哪能管老师，我只好劝他：“弟弟，你不要管老师怎么样，自己做好最重要。”

就这样，午觉时间变成他的观察时间。我不知道这是否是养成观察力的助力之一，但他的观察力的确比一般孩子敏锐。只要是去过的地方，他都印象深刻，且会记住细节。就算隔很久后再带他去，只要摆设有所改变，他都会发现，直问：“之前放在这里的某某东西到哪去了？”

我常在想，若 20 多年前就出现“多动症”这个名词，很有可能会被贴上标签。我只能庆幸自己当初没有把孩子的精力充沛当成一种病，否则就不会有“华人之光 Jason Wu ”了！

用鼓励的教导方式

现在回头看，许多在艺术上有天分的孩子，学习时可能都会碰上这种情形，因为他们的思维，以及眼睛所看到的世界跟一般人是不同的。印度电影《地球上的小星星》(*Taare Zameen Par*) 就是在描述这样的小孩。面对天资独特的孩子，父母与老师应该用鼓励思考、勇敢做梦的教导方式，引导他们发挥潜能。

就像季刚，他一刻都闲不住，可是只要给他纸笔，他就能静下来，坐着画画；在帮娃娃打理造型时，他也非常有耐性。周末，他就会要求我们带他到中山北路、爱国东路、八德路上的婚纱店“巡回”一遍，看最新的礼服设计，回家后，再画在设计绘本上，可以说，他的设计师之路是从 5 岁就开始。

现代人创造太多名词，把多动当成一种病，用吃药来解决孩子充沛的活力。其实，很多多动、注意力差的孩子，若能找出他们有兴趣的领域，不但能消耗旺盛的活力，还能启发他们的天赋。很可能在那个领域里，他是一个难得的天才呢！

陪着季衡和季刚经历“台湾”、加拿大、美国的教育（见后文），我真心觉得，做父母的应该改变传统思维，尊重孩子的天分，让他们有足够的自主空间，往自己有兴趣的领域发展。

“台湾”的教育体系也应该重新重视职业技术教育，让职业技术教育体系享有与一流大学相同的资源，这样，孩子才能有更多元的选择，而不是训练出一堆通才。

课外学习要 Have Fun!

课外学习最重要的是 for fun、陶冶性情与气质。请不要太为难孩子，执著于一定要他们学到什么程度。

我对才艺课的想法是，它是额外的功课，所以我不会给孩子过多压力。一旦有了学习压力，很难激发出他们想持续的欲望。季衡和季刚很早就开始学才艺，除了语文、音乐、游泳之外，季刚自己还要求学纸黏土。

我一开始就对他们说："妈妈让你们去学才艺，是想多给你们一个摸索的机会。你们不需要有压力，只要把自己当成海绵，能吸收多少就吸收多少。"孩子就像橡皮泥，不仅有弹性，又能塑形。橡皮泥要捏成方的、圆的或是三角形，端看父母怎么"拿捏"。

对于学习，我认为要寓教于乐，也就是"playful seriousness、serious playfulness"，不要给孩子身不由己的感觉，明明不喜欢，却得每天上课，结果学习成了苦差事，甚至开始被孩子排斥，变成孩子心中的阴霾。

当时，很流行下课后去山叶音乐班学钢琴，我很清楚我们家没有出过音乐家，但希望孩子们的成长过程有音乐相伴，很幸运的，两兄弟从幼儿园一路学到高中。身边很多朋友好奇我是怎么让两个好动的男孩子安静下来，乖乖弹琴的？

好动男孩也能安静弹琴

虽然，我没有期待他们成为音乐家，还是希望他们学会欣赏音乐，从中体会乐趣。上完山叶音乐班的简单基础课程后，我开始帮他们选择合适的老师。

两人都是从钢琴入门。季衡一开始就能接受古典钢琴，开心的敲下音符，不过弹久了，难免想换其他乐器。他提出想改学小提琴的要求，我一口答应，我告诉他："只要你想学，任何乐器都可以，妈妈也会帮你找好老师。"

因为有古典钢琴的基础，他很快进入小提琴的音乐世界，后来，他觉得吉他比较有意思，想换学吉他，我遵守承诺，帮他找吉他老师。他就一路从钢琴、小提琴玩到吉他。

至于季刚，他对古典钢琴根本没感觉，我们到了温哥华后，他甚至是眼泪跟着指头齐落在黑白键上。

我心想，这孩子若不喜欢音乐，也不要勉强。我问他要不要改学其他才艺？

"我不是不喜欢音乐，我是不喜欢古典音乐，太无聊了！我想学节奏好玩一点的爵士音乐。”季刚回答。

于是，我让他从喜欢的音乐类型入门，换成爵士钢琴，结果他一路弹到高中。初中毕业典礼上，还代表全校毕业生演奏。这次，换成我先生当场感动掉泪，他没想到这个音乐表现不突出的小儿子，竟然能当毕业生代表。

适时“放水”，解除学习压力警报

我曾经观察过，有很多父母费尽心思想要孩子学音乐，可是，真正能坚持下去的为数不多，大部分原因是他们忘了，学习本身就是要“for fun”。为了营造这样的学习氛围，我甚至拜托老师“放水”，不需要严格要求孩子们的进度。

我帮孩子找的一对一钢琴老师是位香港人，很有气质，修养极好，初次见面，我先跟老师与师母沟通学习目标。

“我带孩子来这里学，是希望他们能学到老师的修养，不用给他们太多功课与压力。”我表达了想让孩子耳濡目染，通过弹琴了解音乐的美好，不是要成为专业钢琴家的想法。

“吴太太，如果是这样，你其实不用找我先生教。”师母脸上出现讶异的表情，看得出她有点不以为然，因为老师出身自皇家音乐学院，钟点费虽然比一般老师高，但仍有许多规划要让孩子出国学音乐的家长，争相请这位名师指导。

“没关系！好的老师最重要，说不定孩子学了之后，会有兴趣继续深造。”即便跟老师沟通过，不要给孩子太多压力，但每到一个阶段，老师还是会通过考试来检测进度。不过我发现，在阶段晋级考试的压力下，孩子开始会喊肚子痛、头痛，不想去上课。

这是学习障碍的警讯。孩子不是不想学，而是还没有准备好考试的内容，必须多给他一些练习时间。但是，我不能让他们养成逃避考试的习惯，必须不着痕迹帮他们缓解压力，因为我的目标是让他们能够持续学下去，若因考试心生反感，反而得不偿失。

我想到一个办法，请师母配合，当孩子放学回到家时，打电话到家里，说老师今天临时有事要调课。果然，孩子一听到今天不用上课，警报解除后，疼痛不药而愈。而我制造出来的缓冲时间，让他们有充分的准备时间，再次练习，自然不怕考试，也顺利进入下一个学习阶段。

语言学习要生活化

由于先生在外商公司服务，我从他的工作中看到语言的重要性，因此希望两个孩子能多学几种语言。

英文是全世界通用语言，虽然幼儿园也会教一点生活美语，但我希望能给他们更多的美语环境。当时何嘉仁美语刚进入“台湾”，我就帮两人报名上课，那时季衡上幼儿园大班，季刚上小班。学了半年，我看两兄弟回家都是在写作业，与我想象中的语文学习有落差。

我对孩子们学习外国语言的期待是通过生活引导方式，希望日后他们看到外国人，就能开口说英语，而非让学英文成为另一种负担。当年，国中一年级（相当于初中一年级）才开始有英文课，从他们读幼儿园到升上国中，有九、十年之久，如果在这段期间让他们讨厌英文，日后学校上英文课就会变成一种压力。

我到处打听，找到一位能够一对一教学的老师。他是德国人，在美国长大，我先送老大去让他试教，学习效果不错，于是请他来家里当英文家教，一周一次，就这样，慢慢地开始落实我想要的“生活中学英语”的学习法。

我跟老师沟通的教学目标是，不用考试，老师也不用管孩子懂多少文法、背多少个单词，只需在家教时间，跟两兄弟全程用英语天南地北聊天，愈生活化愈好。我也请老师多带两人出门，像去吃麦当劳、运动、逛街等，两人开心极了，每次都很期待上英文课。

传统的美语补习班并不是不好，只是，我更希望孩子能像学母语一样，从周遭的生活事物开始学起。事实证明，比起一般同龄小孩，他们两人看到外国人时，更能够自然地以英文对话。两人都敢说，只是不太会拼单字，我觉得无妨，日后学校的正式英文课再加强即可。两人的英文家教课一直上到出国前，都没中断过。

之后，我带他们两人到加拿大念书，参加私立学校口试时，校长都不敢相信我们只来了一年，一直问：“真的只待了一年？为什么英文可以讲得这么好，而且在‘台湾’就读的是普通学校，而不是外语学校。”

这是因为他们从小就有机会跟外国人“说”英文啊！语言学习要变成生活的一部分，若没有生活化，又加上大小不断的考试，实在很难让孩子喜欢。

一定要让孩子学会游泳

不过，唯独对游泳这件事，我严格要求，更不会“放水”。

如果问我，从小要给孩子两种技能，会选择哪两种？我的答案是欣赏音乐的能力以及游泳，因为前者能丰富人生，后者能保护自己，也能救人，不论男孩或女孩都需要。

就像我一直到现在都很感谢父亲在我年轻时要求我学会开车。父亲认为，女生会开车比较好，且早晚会需要自己开车。虽然当时不太能理解爸爸的用心，觉得有人接送就好，但到了加拿大后，这项技能果然派上用场。游泳也是有天可能会用上的求生技能，因此我希望两个孩子都能学会。

季衡在小学三年级左右，我带他去 YMCA 学游泳，也因为从小打好底子，长大后，他还考到潜水执照呢！不过，到了季刚学游泳，我吃足苦头。一开始，无论我与教练怎么好言相劝，他就是不肯下水。我只好跟他说："妈妈跟你一起下水，陪你一起游。"

母子俩一人一个水道，孩子学得比我快，我则是喝水喝到饱。早年游泳池的消毒水味道极重，每上完一次课，我必定吐一回。后来，我喝消毒水喝怕了，加上季刚也习惯游泳课，就没有再陪着游，所以到现在我还不会换气。

学习是有时间点的，一旦错过容易学会的年纪，想重新来过，可能就比较难了 。

我也想过，如果有女儿，我会让她去学跆拳道这类基本武术。现代女性不似我们的年代，在外头如果能懂防身之术，才能保护自己，且个性最好较阳光、大方一些，人生也会比较快乐。

无论如何，课外学习固然是让孩子摸索出自己兴趣、才能的途径之一，父母也要掌握"have fun"的原则，以免揠苗助长，最后只能"望子兴叹"！其实大多数时候，大人眼中孩子不成器，很有可能是发展兴趣的动力在初始阶段就被压力浇熄。最好的方式是创造一个像“游乐场”的学习感受，如此，才能激发孩子的乐趣。当他们觉得好玩时，不用家长在后头紧迫盯人，孩子自己也会主动学习。

打造正向成长的环境

父母有责任为孩子打造正向成长的环境，不是指要供他们锦衣玉食，而是创造情绪上的安全感。

教养孩子有两个很重要的因素，一是看见他们天生的个性与潜力（inborn component），另一个则是环境因素(environmental component)。一个人要有所成，就要有机会做自己，因此，为人父母者，有责任为孩子打造正向成长的环境。所谓环境，并非指要供他们锦衣玉食，而是创造情绪上的安全感，让他们能够在适合的地方快乐成长。因为每个人都有自己的情绪与个性，你无法知道，什么事会在孩子心里形成阴影。

刚上小学时，季刚曾跟我说过，他不喜欢像哥哥，每次都要考一百分。

“妈妈，这太累了！”

我知道，上头有个样样出色的哥哥，难免会带来压力。

“台湾”的教育环境对会念书的孩子较有利，像季刚这样的孩子很容易被老师忽略，甚至被贴上标签。我暗自担心他的自信心是否会受到影响。

所幸，这孩子能以不同角度看世界。季刚小时候肉肉的，长得很可爱，加上有一双会装扮洋娃娃的巧手，不少女同学跟他的关系很好，他还曾被女同学偷亲呢。

自己投票给自己

他看哥哥从小学一年级开始就当班长，也想当个班长过过瘾。我跟他说，班长的成绩要名列前茅。

在全班 45 名学生里，季刚的成绩排名落在第 20 到 30 之间。在当时，成绩不够好的同学根本没机会被提名班级干部。不过，他后来被同学选为学艺股长，我猜想应该是他展现的艺术才能得到多数女同学的选票。

我本来以为小儿子上小学后，会因为不好意思，不再玩娃娃。没想到，他成为班上女同学的“娃娃顾问”。他请同学把家里的芭比娃娃带到学校，由他帮每个娃娃梳头、打理衣服，也教同学怎么改造娃娃，让娃娃更漂亮。

有人在干部选举时提名他，好人缘的季刚果真高票当选，他兴高采烈回家，向我们宣布这一好消息。

“那你投给谁呢？”哥哥问他。

“当然是投给自己啊！”季刚得意地说。

“哇！你怎么投给自己，不会觉得不好意思吗？”哥哥惊呼。

“不会啊！如果连我都不爱自己，谁会支持我当股长？”弟弟反问哥哥。

说实在，我很喜欢小儿子的自信心，想想他的话也有道理，现在的选举，哪位候选人不是投给自己？我常跟他们说，想要获得别人的尊重，就要先注重自己的表现；旁人对待你的好坏，取决于自己的态度，你善待旁人，旁人就会善待你。

我希望他们从小就养成反求诸己的思维，这样的好处是，当他们碰到问题，不会怨天尤人，而是想办法突破难关。

忧心两个孩子的未来

只是，当年的“台湾”教育偏重学业成绩，随着季刚升上初中后，我开始担忧他日后升学会遇到困难。

季刚并不适应“台湾”的教育方式。比如，他对成绩的要求跟学校的标准是不同的。在他的想法里，若能考 80 分以上，自己就很满意了，但是学校老师的期望值却是 100 分。

有天放学回家后，他跟我讲起一位跟他交情很好的女同学考了 97 分，竟然闹情绪说想自杀。他叽叽喳喳讲完，下了一个结论：“妈妈，要是我考 97 分，早就乐死了！干吗还想自杀？”我差点没晕倒，是要说他“不才”，还是要佩服他可以这么乐观呢？

我着实担心，季刚升上国中（初中）后会被分到放牛班，会变得更不爱念书。不少在放牛班的孩子都很聪明，只是在学业成绩至上的教育环境里，这些孩子缺乏适当的引导，不少人可以说是被体制“放弃”的。我不想孩子面临那样的可能性。

不仅季刚出现适应问题，季衡也碰到这种状况。

老大的成绩很好，我希望除了读书外，他也有时间练习音乐、多运动，做一些自己有兴趣的事，所以一直没送他去补习班。但他升上初一后，导师是开补习班的，希望班上同学都能参加课后辅导。我考虑到季衡自己能掌控课业复习进度，便没有让孩子参加。

当时，老师依班上同学的程度，订下每人考试要达到的分数标准。虽然没有参加补习，季衡的表现仍达到了高标，每次考试只要低于高标，少一分打一下，一星期结算一次。他觉得很不公平，自己已经考得比其他同学高了，甚至是第一名，只因为没有达到高标，就要被打手心。

我只能安慰他说：“老师期望你能更好，这样被打是一种荣耀。”

可是，我心里一点也不希望孩子在这种高压教育下成长。孩子成绩进步应该被奖励，怎么反而被惩罚呢？

正在烦恼两个孩子的教育时，一位朋友约我去听移民加拿大的说明会。回家后我跟先生讨论，认为两兄弟未来在国外受教育可能比较好，最后我们决定为了孩子的教育，申请移民加拿大。

我们不是富庶之家，孩子们的爸爸来自乡下，靠着自己成家立业，事业还在打拼中。移民这个决定让一家人必须分隔两地，时差又是日夜颠倒，但为了能让两个孩子顺利融入国外教育，我和先生决定待哥哥结束国中一年级的课程后，便由我陪着两个孩子，展开移民求学生活，先生则留在国内打拼事业。

走出去的原因很简单，不是赶流行，也不是让孩子逃避学习压力，而是想让他们在更能活出自我价值的环境下成长。

“台湾”的教育方式对季刚并不公平，他不笨，但若依照学科测验分班,他会变成放牛班的孩子。我绝对能体会古时孟母三迁的心情。

我也不希望，季衡出色的学习能力在联考制度下，变得只专注在课业成绩上。如果学习力也是一种天分，更应该让这样的孩子有探索不同世界的机会。

于是，我们一家开始了母子三人在加拿大，爸爸在“台湾”的移民生活。

“爱的实践艺术”思维

教出孩子的天赋

TIPS 1 花时间用心观察孩子的个性

新时代的父母要花时间观察，从日常生活小细节、亲子相处的过程，看出孩子的个性、天赋，不要再走传统的路，老大在哪，老二就送到那。不适合孩子的教育方式,就别把他摆在那里。当摆错环境，在别人眼中，他就变成难搞的坏孩子，真实的他并非如此，只是因为环境不对。

TIPS 2 生命是独特的，教养无一定准则

孩子就像橡皮泥，不仅有弹性，又能塑形。橡皮泥要捏成方的、圆的，或是三角形，端看父母怎么“拿捏”。每个孩子都是独特的生命个体，随着成长路上碰到的人、事、物，他也会跟着吸收、变化与成长，这就是生命的美妙之处。所以，教养孩子没有一定的准则，拿捏松紧之间，必须聆听孩子的内心。

TIPS 3 创造正面循环的学习模式

希望孩子学习的事，要循序渐进，千万不要揠苗助长，孩子自然就会进入正面循环的学习模式。如果一次就要他跳到最高难度，他发现做不到之后，会丧失自信，对尝试新事物，产生害怕、恐惧的想法，适得其反。

父母有责任为孩子打造正向成长的环境，不是指要供他们锦衣玉食，而是创造情绪上的安全感。

TIPS 4 不要执著孩子的才艺程度

学才艺，是为了要给孩子一个摸索的机会，陶冶性情与气质，把他们当成海绵一样，能吸收多少就吸收多少，最重要的是让他们觉得好玩，不要执著于一定要他们学到什么程度。一旦有了学习压力，很难激发出他们持续的欲望，甚至将学习才艺视作苦差事，反而开始排斥。

第 2 章

掌握教养时机，播下观念的种子

除了观察孩子，让孩子的天赋得以发挥，父母更要适时教导重要的价值观，才能让孩子在未来的人生路上，不至于走向偏差。

就像自然植物的生长，依种植与栽培方法的不同，结果就可能不同。以樱草为例，若用“根”来培植，只能开出一种颜色的花，若用“种子”培育，就能开出各种颜色的花。

因此，父母要把握孩子成长的时机，播下重要的价值观种子，打好稳固的基础，就能培养出努力、认真且懂得付出的人才。

我和孩子的留学之路

孩子的成长无法倒车，父母要在对的时间点，提供合适的养分，尤其当有合适情境进行机会教育时，更要懂得抓紧时机。

一个人带着孩子到加拿大念书，我其实很忐忑不安，从一开始什么都不懂，像是找房子、认路，到搞定孩子的学校、融入当地生活等，在这一过程中，我体会了中西文化的差异，直至季刚满 20 岁，我才完全搬回“台湾”。陪伴他们的这几年，孩子求学，我也经历了“留学”生涯。

由于移民公司太晚通知加拿大政府许可证已经核准，当我们知道时，距离截止期限只剩一个半月，如果没在期限内报到，资格就会被取消。那时季衡上国中一年级，季刚上小学四年级，学期还没结束，但因哥哥来年就满 13 岁，届时无法出国念书，只好先向“台湾”的学校请假，带他们到温哥华报到，住了几天。

坚持孩子回台参加期末考

办完入学手续，先生带孩子回“台湾”继续上课，我则留在温哥华找房子。回去前，季衡问我为什么已经要来加拿大念书了，还要回去念完下半学期的课？在温哥华的这几天，我们遇到也是送孩子到温哥华念书的朋友，季衡从玩伴口中知道，他们不用再回“台湾”上课。

温哥华的夏天要到八九点后才天黑，两人在这里玩得可开心了！“妈妈，这里好好玩，也不用看‘台湾’学校的成绩啊！我们根本不用回去。”

我不答应他的请求，坚持他们得回台北完成期末考才能再来。

“做一天和尚，敲一天钟。你是学生，就要尽到学习的本分。‘台湾’学校教的将来这里也会学到，只是换成英文，如果先打好基础，将来不是念得比较轻松吗？”另一个我没告诉他们的原因是，万一他们在加拿大适应不良，日后要回“台湾”，就能顺利衔接上初二与小学五年级，不用因为没读完初一、小学四年级下学期，又去重读。

我告诉孩子们有始有终的重要性，不能因为入学不用交成绩单，就有不想回去完成学期课程的心态。两人乖乖跟着爸爸回台北，完成学业，再到温哥华念书。

来年，季衡接到“台湾”学校奖学金领取通知书，我拿给他时，不忘来个机会教育：“哥哥，你很棒哦！但你记不记得，当初你的朋友都跟你说不用回去，如果你听他们的话，现在还会有奖学金吗？”他认真的点点头，望着手上的通知书，脸上泛起满足的笑容。这个鼓励是孩子坚持有始有终的荣耀。

有时，尽管孩子年纪尚小，无法理解待人处事的道理，也还没有办法体会父母对他们未来的用心，但也不能因此就不告诉他们。我的做法是用最浅显的语言，将未来会发生的、可预期的结果，先让他们知道。

尤其是当有合适情境时，就算手边有事，我也会抓紧时机，进行机会教育。为什么要在合适情境呢？因为，若没有情境因子，很容易演变成父母单方面的唠念。

当年的坚持，还得多花一趟来回机票钱，但我觉得非常值得，因为我想让孩子学会做一件事情要有始有终，不能因换了新环境，就心生偷懒、取巧的心态。我观察成人后的两兄弟，他们做事不会半途而废，于是我更坚信，从小培养他们贯彻始终的心态是对的。

适应国外教学方式

到温哥华后，我很快便发现中西教育大不同。

开始上学后，季刚变得非常快乐。这里的老师不看错误的地方，也不特别挑出他的错字，就算少一点、一撇，或是一个单词的 5 个字母只拼对 4 个，老师都称赞他："答对了！有进步空间！"

老师见到小儿子用手指头算数学，告诉他明天可以带计算器来上课；数学题的答案错了也不要紧，只要解题过程是对的，一样有分数。在西方老师的想法里，学生只要能理解计算方式就没问题。小儿子自信心大为增加，觉得自己的程度没有那么差，重燃对课业学习的热情。

我不意外季刚的改变，他的个性本来就适合这样的教育方式，反而是季衡的老师跟我反映了他的学习态度有问题。

在我参加国外第一场家长会的前几天，我突然收到老师的一封信，请我到教务处一趟。去之前，我忧心忡忡，不知季衡在学校发生了什么事？他从小到大在校都没出过任何问题，怎么才到温哥华不久，老师就来信“约谈”？

见到老师的第一句话，我便请教老师：“请问季衡在学校发生什么事？”

“吴太太，我想跟你讨论季衡的学习态度。”老师一脸严肃地说，他观察到季衡上课时无法专心。

“真的吗？是怎样的状况？”我心想，老大在“台湾”是每位老师都称赞的优秀模范生，应该不可能吧。

“他上课很少抬头，一直低头写字，而且从来不主动发问。我无法知道他是否能理解上课内容。”老师担忧地说。

听完，我放心了，我莞尔一笑，原来是东西方教育方式不同，导致老师误解。“台湾”的教育方式是老师在上面授课，学生在下面抄写笔记；老师提问，学生才会答。国外老师则强调课堂上的师生互动，鼓励学生主动发问。

“老师，您不用担心，这是‘台湾’学生的上课习惯。他很用功的，只是还没适应新的学习方式。”我向老师保证，孩子只是需要一点时间适应。回家后，我鼓励季衡上课时，改变埋头抄笔记的学习方式，尽量专心听课，并且主动提出问题。

之后，我发现季衡的数学考卷分数常会出现 110 分、120 分。

原来，他解题的方式跟老师教的不同，老师认为他能想到另一种解法，而且有道理，就会加分。

中西教育的大不同，加上加拿大多元文化的刺激，两个孩子的独立思考能力有极大提高。现在回想，我很庆幸那时不管再辛苦，都坚持要陪伴两个孩子到国外求学的决心，虽然一家人因而分隔两地，但孩子的成长无法开倒车，在对的时间点，提供合适的养分，很重要也很关键。

移民，不是把孩子丢出去

不过，爱的陪伴是孩子安全感的重要来源，也是良好教养不可或缺的关键元素。

先生和我都认为，小孩的教育过程需要父母的陪伴。因此，即使分隔两地，先生跟孩子讲电话时，都会选他们有兴趣的话题，他希望不要因为地理距离，和孩子们产生心理距离。有时，他工作再忙，还是会打起精神，把 NBA 球赛看完，这样隔天就能跟孩子们聊赛事，尽量做到零时差。

我们出国时，先生跟朋友合伙创业已经 10 年，时间安排上较有弹性。他重新安排工作形式，以季为单位，把工作集中于 10 周内完成，如此一来，每隔 3 个月他就可以飞来温哥华与我们相聚，待两周左右。每次他来，行李箱都装满相声卡带，以及孩子爱看的漫画与武侠、历史小说。他认为，通过这些有趣的课外读物，可以让孩子保持阅读中文的兴趣。

两个孩子出国时，一个已经进入青春期，一个即将进入。男生的青春成长事，单就母亲的角色，有些事较难启齿，这就是单亲妈妈会碰到的困扰，此时还是有赖爸爸出马谈心，进行“男人间的对话”。这样的习惯维持至今，两兄弟只要遇到人生重大决策，都会与爸爸讨论。

尽管如此，我还是担忧，唯恐自己无法照顾好两个孩子，当时最大的心愿就是能平平安安带大他们，度过在温哥华的求学时期。

现代社会很多事情都可以靠外包解决，但孩子的成长过程里，唯一没有替代方案的，是父母的亲身陪伴。

亲子沟通之道：用说服代替命令

父母在传承经验与智慧之际，要营造孩子能够欣然接受的情况，这样一来，建议才不会变成命令。

为了能申请一所温哥华最好的英制私立学校 St.George’s School，我们特别买了附近的房子，只是没想到，哥哥因为是从国中二年级（八年级）念起，所以得先完成加拿大政府规定的 ESL（English as a Second Language, 是非母语英语教程，代表英语作为第二语言）课程才能报考，弟弟则不用，因为温哥华小学本来就有 ESL 课程。

因此，在温哥华求学初期，两个孩子是先就读公立学校。每天开车送他们上学时，途中都会经过那所私立学校，我会跟他们说："这是将来我们要读的学校。"原因是想让他们心中对这所学校有所认同。

拒读穿制服的学校

孩子其实不太喜欢这所学校，因为学校规定要穿制服。

有天，季衡终于受不了，生气地说："妈妈，拜托你不要再讲了！我们好不容易脱离'台湾'穿制服上学的生活，为何还要去念这家得穿西装、打领带的私立学校。我不要！"

当时，国外流行宽宽松松的垮裤，爱打篮球的季衡明白地告诉我，不喜欢穿制服的学校。为了不让孩子心生抗拒，但又要让他们意识到妈妈的认真，我减少说的次数。

半年后，季衡通过 ESL 考试，我想让他参加 St.George's School 的招生，于是自己先去领回报名表，等他下课回家后，再把报名表送到他手上。

"哥哥，我们现在通过 ESL 资格，去考考看好不好？"我边问边看孩子的神情。

果然如我所料，他不高兴地皱着眉回答："不！妈妈，我跟你说，穿制服看起来很蠢，你干吗还要去拿报名表？"

他的答案我心里早有数，顺着他的话锋，我转个弯，举例他认识的人当中，那些想考上却还在努力的同学、朋友。

"哥哥，不容易耶！你半年就上完 ESL ，这是很大的荣耀，不是开玩笑的！"

我注意到，他脸上不以为然的表情消失了，我趁热打铁，再补上一句："只是要你先去考考看，你也不见得能考上。"孩子的好胜心被我激起。

"我哪会考不上？"季衡不服输地反驳。

“因为啊，某某某考了 3 年，某某考了 2 年，他们都没考上，可见那所学校的入学考试是很难的，如果你考上了，那超厉害。”

这所学校大部分学生都从幼儿园、小学开始读起，一路念上高中。除非有人转学，才有名额空出来，所以录取率极低。每年入学考试平均有数百人报考，但只录取两三人。

“好吧，我就去考考看。”季衡点头，同意参加入学考试。

我成功激起了孩子的自尊心与荣誉心，让他觉得自己真的不一样时，他就会配合。

结果，季衡获得了第二关面试的机会。通常只有三分之一的人可以进入面试，我压根没想到他第一次报考就能进入第二关。这下子问题又来了，我应该如何做才能让孩子心甘情愿去面试呢？

“哥哥，你真了不起！别人考了几年都进不去，你看，我们第一年就进入面试。我们就去面试看看，反正不见得可以通过。”

季衡为了要证明自己的能力，答应去面试。老实说，季衡的个性比较温顺，也愿意听话。如果第一个孩子是季刚，恐怕就没有这么容易了。

学习面试礼仪的机会

由于没带孩子的正式服装来加拿大，青春期男生又长得快，衣服一下子就不能穿了。于是，我想了一个权宜之计，拿我的蓝色西装外套、先生的领带，搭配儿子自己的白衬衫，虽然不是完全合身，但至少看起来还像一回事。我则是穿着整齐的套装。

到了现场，我观察陪考家长们的打扮，只见一个比一个隆重，一身名牌的大有人在，再看看应考的孩子，却有人穿着T恤、牛仔裤与球鞋，一时间，让人难以分辨究竟主角是家长还是孩子？

虽然只是一场入学面试，但对我来说也是让孩子学习面试礼仪的机会。姑且不论主考官的第一印象，一个人的穿着也可以透露出他面对这场面试的心态。孩子在将来的人生中，还会碰到大大小小的面试，从校园到职场，由人际社交到商业场合，父母如果能以身作则，给予机会教育，孩子日后才能因应各种场合所需，礼仪得体。

面试结束后，我们也没特别期待成绩。我自己以及孩子的心态都是抱着平常心，尝试的过程才是最重要的。

出乎意料，我收到学校寄来的录取通知书。问题来了。从头到尾，我都跟季衡说他考不上，结果他考上了！而他本身不想念这所学校，是因为我的激将法，想证明自己的能力才愿意应考。

我要如何说服季衡去读这所他口中很“蠢”的学校？

“哥哥，你真了不起呢！你真的考上了，所有人都对我们另眼看待了！”我照惯例，先大力赞赏了儿子一番。

下一步，我打算请君入瓮。大儿子对自己的期待很高，我便针对此点，继续游说。

我分析给他听，国外的公立学校是地区制，一般父母多优先考虑居住环境，孩子高中毕业后，父母的责任就算结束。如果是从小要培养孩子进入一流大学、研究所的父母，则多半会选择让孩子就读私立学校。

“我觉得在私立学校里，你可以找到更多志同道合的朋友。”听完，他没有像之前那么反对，喜欢交朋友的他，对可以交到更多好朋友这项提议很心动。

就这样慢慢的，多跟孩子沟通几次，最后季衡同意入学。当然，以他的个性，如果我摆出父母的权威性，他也会屈服，只是我认为，亲子最佳的沟通之道是达成共识，而不是命令。

父母常会面临两难境地。虽然很想把人生的主控权交给孩子，但父母比孩子年纪大、经验丰富，这些会告诉我们如何选择最适合的方案、怎样做对孩子最好。可是，在传承经验与智慧之际，别忘了要在孩子能够欣然接受的情况下，因为这样，建议才不会变成命令。一旦孩子觉得你讲的都是命令，久了就不想跟你相处。缺乏“好质量”的相处，亲子之间的沟通就会相对困难。

季刚对主考官的提问

因为哥哥先入学，第二年我送季刚去应考，就不用再花力气说服他，他自然而然接受我的安排。虽然他的成绩没有哥哥好，但因为哥哥已经是这所学校的学生，所以相对来说录取概率极高。国外的私立学校，如果手足已经是本校生，学校至少会让这个学生有面试机会。

不过季刚的面试过程让我直冒冷汗。他的主考官是校长，他回答完校长的问题后，竟然反问：“我非常喜欢艺术，不知道贵校能提供给我什么样的教学环境？”

面试时值冬天，我却被孩子的问题吓出满身汗，心想好不容易有了面试机会，会不会被他的问题搞砸了？

校长一愣，随即回答，他是教授音乐的，他可以请艺术领域的老师来说明，所以又多了一位主考官来回答他的提问。

原本以为面试进入尾声，只听见季刚又接着说："我哥哥是你们学校的学生，我觉得学校有些地方要改进。"这次，我吓得心脏都快跳出胸口了！

校长脸上出现讶异的表情，他表示愿意听听季刚的想法。

得到校长的许可，小儿子不理会我在旁示意打住的手势，开始高谈阔论他观察到的校园安全问题。

一般而言，一名学生面试时间约 5 ~ 10 分钟，"台湾"学生的习惯是有问才有答，几乎不会超过这个平均时间，但季刚足足在里头待了近 3 倍时间。我也很佩服校长的耐性，能够听一位小学生高谈阔论。末了，校长还问了一句："你才来一年多，为什么英文可以说得这么好？"

"因为我妈妈暑假都会送我到美国参加露营课程，而且我们从小就有加强英文。"季刚说。

当晚我与先生通电话，跟他说："这下没希望了，应该是白跑一趟！"没想到，没过多久，我竟收到学校的录取通知书。

后来我才知道，他们看过很多"台湾"小孩，几乎都是很乖顺的，问一答一，说二答二，很少有人像季刚第一次见面就如此与他们互动，校长与老师都对他的表现印象深刻。

事后分析，季刚的成绩虽不出色，但有其他的兴趣发展。国外学校的入学考试，不只看学生的学科表现，学校希望能招收到比较活泼、反应较快的学生，更欢迎在某个领域有杰出表现的学生。

对照季衡入学，他的学业表现当然不在话下，但如果他没有发展其他领域的兴趣，像篮球、音乐、语文等，就算笔试成绩再好，第二关的口试也被会刷下来。

不过，因为考虑到他们日后要在美国读大学，加拿大教育系统又和美国不太相同，为了尽早融入，季衡念了 1 年后，就到美国康乃狄克州的高中就读；季刚虽然被 St.George’s School 录取，但也选择到美国马萨诸塞州就读初中。

父母应该多鼓励孩子尝试不同领域的事物，并给予机会，学业成绩不能全部代表一个人的智力与能力，更非评断孩子未来的唯一标准。

所以，当你的孩子拿画笔比算数学还厉害，或对研究料理比物理、化学更有兴趣时，千万别心急地认为孩子的智育不行。因为，一张完美图画的呈现，画者要考虑空间、比例、平衡等因素，这些不也是数学几何的应用？而一位好的料理家，要考虑食材之间的化学作用，拿捏比例、温度、下锅次序等，这不也是物理、化学的实际应用？

或许，我们应该重新定义成绩的表现形式，这样，孩子才会有更多元的发挥空间！

妈妈，你要我做哪一国人？

我从不跟孩子讲英文，因为在国外已经有太多机会说英文了，我怕他们对中文日渐生疏。

前几年，我去纽约看季刚，顺道到加州探望侄女温迪（Wendy）与她7岁的女儿艾拉（Ella）。她苦恼地问我："妈妈，我要怎么让艾拉的中文变好？"

侄女很优秀，读完约翰·霍普金斯大学，再拿到乔治城大学法律博士，她的先生也是麻省理工学院学士与卡内基梅隆大学博士，两人在美国结婚，生下艾拉。

"很简单，你和先生只跟她讲中文。"我了解她的困扰，这是多数旅居国外华人父母常碰到的难题，想让孩子在纯英文的环境中成长，却又不想孩子完全不会讲中文。

"妈妈！可是，只跟艾拉讲中文很难。"侄女睁大眼睛看着我。

“怎么会难？就看你们要不要做。艾拉上学后一定是说英文，在她的生活中，还有什么时间可以讲中文？你不需要加强她的英文，而是要加强她的中文。如果你们能做到，她长大就不会忘记母语。千万不要为了孩子的方便，家人之间也讲英语。”

只跟两兄弟讲中文

我自己就是如此实践的。在国外，我从来不跟孩子讲英文，因为当时的环境已经有太多机会说英文，我怕他们对中文日渐生疏，所以跟他们只用中文对话。如果不这样做，他们兄弟俩不会保有现在的中文能力。在国外的生活环境，讲母语的机会愈来愈少，为什么不把握机会，当孩子现成的母语家教老师呢？

当然，人在加拿大，为了照顾好孩子的生活起居，我也去社区大学上英文课，以便融入当地社会，应对外界。

刚到温哥华不久，有次我送便当给孩子，一进校门口就看到女学生穿着超短裤或短裙、露脐装，坐在桌上，跷着脚跟老师说话；还有不少学生一下课就围在一起抽烟。当天晚餐时，我立刻叮嘱两兄弟要懂得洁身自爱，这也是后来我会努力说服大儿子转学到私立学校的原因之一。

不过，西方教育也不如想象中的完全放任自流。学校还是会有生活校规，也重视礼仪纪律，只是在规定里多了对个人隐私权利的尊重，在自律与纪律之间，的确有可供我们借鉴之处。

季衡念私立学校后，曾住校过一段时间。学校规定如果成绩达到某个级别，自习时间房门可以关起来。若未达到，自习时间就不能关房门，必须接受管控，以便让老师能够随时注意学生的读书情形。

另外，男女同学的宿舍可以互相探访，但如果男女两人共处一室，规定房门只能半掩，不能完全关上，因为要让舍监老师可以从外清楚地看到内部状况。他们从小就教给孩子环保观念。开学时，发给学生的教科书是二手书，学生不能在上头写字，期末书本要归还学校，否则拿不到成绩单。

我相信，每个国家文化、风俗民情的不同，都会影响人们对教育的想法。我自己则觉得世界是一个地球村，东西文化各有优点，我希望扬长补短、中西合璧，融合成为适合孩子的教养方法，并没有“外国月亮比较圆”那样照单全收的心态。

感冒就是不能到校上课

加拿大冬天极冷，孩子们感冒是常有的事。

刚开始时，我都会拿从“台湾”带过去的成药给他们吃，如感冒药、肠胃药等。我当时的想法，一是刚到温哥华，人生地不熟，二是在国外看医师费时又费钱。

结果，季刚第二次感冒就不吃这些成药了。“妈妈，我告诉你，我们老师说感冒了不可以随便吃成药。”他说什么也不吃我配的药，我只好带他去看医师。

看完医师后，见他没再流鼻涕，活蹦乱跳的，我就载他到学校。到了校门口，他嘟着嘴说：“妈妈，我今天不应该来学校的。”

“为什么？”我反问。

“生病就是不能去学校，那会影响别人。”季刚说出他的理由。

“可是，你已经看过医师，还有时间，当然要回学校上课啊！”孩子没什么大碍，我不希望他们有了生病这个理由就不上学。“而且，你现在看起来很好啊！不需要缺席。”我强调。

过几天，季刚认真的找我沟通“生病不能到校”这件事。“妈妈，你要我去学校，我就得去，但我还是要告诉你，这样做是不对的。”他扳着手指头列举以下原因。

“第一，老师说生病不能到学校与公众场所，因为会把病毒传染给别人，自己也不容易恢复。第二，我们班的外国同学，肚子痛就可以回家，肚子痛是看不出来的，对不对？但老师还是让同学回去休息。我是感冒，你也看到我流鼻水了，为何还要我去学校？”

小儿子说完后，长叹一口气，最后说了一句：“妈妈，我搞不懂，你要我做哪一国人？”

听完，我暗自反省自己的中国作风，认为孩子身体没大碍，就应该回学校上课。然而，国外非常重视公民素养与公共礼仪，也将之融入小学教育里，从小就培养公民观念。

“好，妈妈知道了！”之后，他们感冒就会待在家里休息，不管症状多轻微，我再也不会强迫他们到学校上课。

我们可以把台北的家搬来吗？

要做哪一国人是移民会碰到的挑战，一方面要让孩子融入当地社会文化，才能适应、生存；另一方面，我也尽力保留中国良好的价值观，如积极、勤快等。我会和孩子讨论我们为何来此？在这个国家是为了什么？慢慢引导他们了解什么价值观好、什么不好。

季刚有次放学回家，眼睛红彤彤的，好似受了委屈，我问他怎么了？

“妈妈，我们班同学笑我，说我们家小得可怜，他们家的客厅都比我们家大。为什么不把台北的家搬来？我们就不输他，我也不会被笑了！”小儿子很难过地说。

我们在台北的家是 3 层楼的独栋建筑，还有花园、车库。而他口中指的搬家，是有次回南部老家时，他看到路边写着“搬家”的招牌，知道有一种可以把整栋房子搬移的技术。亏他老兄竟然想得到要用这个方法把家“搬”来！

“乖，别难过了！”安慰他的同时，我趁机教育孩子。

“妈妈告诉你，我们不要跟别人比较，只跟自己比，而且我们跟爸爸分开来到这里，不是来住好房子，是来念书的。同学要跟你比，就比成绩、比学习，当你自己有杰出表现时，那才值得骄傲。”

其实，季衡也碰到过类似的情形。同学约他去纽约玩，第一次我没答应，因为学校校规很严格，只要在外头闹事，就会被开除。我担心青春期孩子血气方刚，容易出事。

第二年同学又约，我心想再拒绝，他也很难跟那些朋友相处，于是答应了。两天一夜的纽约行，旅费、餐费加住宿费，我总共给他 500 美金。他回来后形容纽约行很“憋”，为了控制预算，他只能分租同学房间，凑合着睡沙发，也不能大肆购物。他的同学都是拿卡出来刷，一刷好几千美元都不眨眼。

到了加拿大，我才知道“台湾”中小企业主财力有多雄厚。我在这里见识到各领域的商业状元与朋友，若要比财富，那真是比不完。

两兄弟的同学不乏世家贵族、政商名流，相较于他们，我们家境仅算小康。

“再多也没有了！爸爸从一个什么资源都没有的乡下小孩，白手起家，辛苦工作，该给你们的物质生活、供你们读书的资源一定不会比别人少，但不会有多余的奢华享受。”

我知道，见到别人好，孩子多少会产生微妙情绪。

“我们能到这里念书已经很幸运，真的要感谢爸爸，我们要懂得惜福。”我时常抓住各种机会，让孩子们理解，他们拥有的其实已经比别人多太多！

人到国外，我更重视培养孩子的责任心，从家事分工开始训练，不让他们因为来到一个开放、自由的环境，就失去该有的生活规矩，或者变得马马虎虎。毕竟，不以规矩，不成方圆。人若是活在没有规范的环境里，容易出乱子。而且，男生相较女生好动得多，若没有严守亲子之间的游戏规则，实在很难带好他们。

站在东西教育文化的交界，我不一面倒向自由开放，也不故步自封、墨守成规，拒绝接受更好的教养思维。我认为自己所体会到的，最适合孩子天性的就是最好的，而且不同孩子不能只用同一套方法，而是理解个人的独特性，随时进行调整。

外国家教教我们的三堂课

一个人带着孩子在国外生活非常辛苦，幸运的是，我遇到不少贵人，其中有一位是至今还保持联络，便是成为家庭好友的家教老师。

虽然先生每隔 3 个月，就会来温哥华陪伴我们，但是一个人带着 2 个男孩在加拿大求学，还是有些不方便。幸好，初到加拿大时，就遇上一位很棒的外国家教。

这位家教是一位在飞机上碰到的贵人介绍的。第一次飞往温哥华的班机上，我旁边坐了一位太太，看我带着两个孩子，她问："你们是要去移民吗？"我点头，问道："是啊！你怎么知道？"

"若不是移民，这个时间不会带孩子出来。"一问才知，她在温哥华置产，已有好几栋房子。

听到我正为打点家具发愁，她热心留下电话，还说："我大学同学是温哥华的台商会长，他是家具厂商，如果你有需要，再打给我。”

第二次我再到温哥华时，打给她，通过介绍，认识那位家具商，结果，他的太太（蔡妃珠）竟是我初中最要好的同学，两人多年后在异地相逢，真是人生一大乐事，也多亏了她，帮我在当地教育局找到一位专门教授英文的家教老师穆里尔·考夫曼（Muriel Kaufman），当时她年约 50 多岁。

第一次碰面，她直言很多人想找她教孩子，但她只选择关心孩子的家庭，要求我能做到两点，才愿意教导季衡与季刚。

第一，每次家教时间，父母至少要有一人在家；第二，她知道很多华人父母重视孩子的学业成绩，但她不是来陪孩子做功课的，“我是要教他们怎么融入加拿大，如何建立正确的学习方法。”

差点误把家教辞退

我照老师的要求，每次家教时间必定待在家里。这段时间我也没闲着，会到厨房准备点心，让老师与孩子在结束后，能享用下午茶。

只是，我愈看她的教法，愈觉得奇怪。她不多话，每次来时，都会带很多本书给季衡与季刚看，时间到了就离开。几次下来，我开始纳闷，这样孩子可以学到什么？于是找机会问两人都学到些什么。

“老师去图书馆借书给我们看，有时是带录像带给我们。”季衡回答。

听到此，我心里觉得不是滋味，有一种老师在浑水摸鱼之感。她的钟点费在当地可是在平均水平之上，“我请你的钟点费这么贵，怎么好像在混时间？”我嘀咕着，可是又不敢讲，怕得罪老师后，一时间也找不到合适人选。

就这样忍了一段时间，有一天，我终于受不了，决定找老师沟通，那时我的英文也已进步不少。

“穆里尔，可否麻烦您以他们的学校功课为先，那些课外读物比较没那么重要。”她听完后脸色一变，但修养极好，当场没多说话。

隔几天，她打电话来邀约喝茶。我心想这下惨了，莫非是那天的要求让老师不高兴，要跟我说不教了？我一颗心七上八下的赴约。

“吴太太，我不是来陪你的孩子念书的，我最主要目的是让他们能通过 ESL，融入加拿大教育系统。”老师客气地表明想法。

“这我知道，您当初有说过。”我点头。

“你知道我带给季衡与季刚的各是什么书吗？”她问我。

“嗯，给季衡的大部分是关于篮球、运动的书，季刚则是与娃娃相关的。”我注意到两人看的书不同。

“对的！能引起孩子最大兴趣的，就是他喜欢的东西。我拿相关书籍给孩子，他自己会去寻找答案，也会努力查单词，才能理解书的内容。”见我认同，她继续解释。

“如果我今天拿的是一般的英文学习教材，对孩子而言是很无聊的书，他也没有动力记单词。但因为是他喜欢的球队与球星，为了要了解这些人的背景，他非得读懂这本书不可。”

我恍然大悟，从此不再过问老师的教法。这是穆里尔教我们的第一堂课——唯有让孩子读自己有兴趣的领域，学习意愿与速度才会增加且变快。从两个孩子的学习成果来看，的确是如此。

事实上，孩子们考过后就不再需要家教，但我还是继续聘请她，后来她变成我们家融入加拿大的“顾问”,参与了我们很多的“第一次”。

例如，我们第一次到急诊室。有天季衡因为打球脚受伤，那时下大雪，加上我对加拿大急诊医疗系统也不懂，情急之下打电话请穆里尔陪我们到医院，我则按家教的钟点付费。对于当时英文没那么流利，心里又焦急孩子伤势的我来说，她是令人安心的陪伴者。

孩子考上私立学校的第一次家长会，我担心以自己的英文程度会漏听信息，也是付钟点费，请她陪我一同参加。事后，一些华人朋友知道，笑我何必如此大费周章。我一笑置之，心里清楚自己的责任，家长会能让我全盘了解孩子在校情形，不能草率视之。

孩子被欺负了，怎么办？

在国外生活，除了语文，最难的是习惯与价值观的不同。我学到的第二堂课是，如何用外国人的思维保护自己。这条路也是穆里尔带着我们走过来的。

季刚读公立学校时，曾被当地的华裔同学欺负。有天，他气呼呼地回家说：“妈妈，我们班上有位 ABC，老是抢我的文具。”

那时，孩子用的都是从“台湾”带去的文具，我心想，可能是那位华裔同学觉得他的文具很漂亮，心里也想要，只是用错了方法。

“没关系！弟弟，我们家还有很多，同学想要，你就送给他，下次爸爸来时再带给你。”

我本想息事宁人，顺道让季刚学习分享与忍耐。没想到，这位同学变本加厉，只要看到季刚有好东西就要拿，不给的话就用抢的。一次、两次下来，最后演变成威胁。

我实在不知道该怎么办，但又不能让此问题变成恶性循环，影响孩子上学的心情。我把季刚碰到的状况告诉穆里尔，她听完后，问我怎么处理？

“中国人讲求忍耐的美德，我叫季刚忍耐，把东西给他。”

她摇摇头，直指我做错了！

“一味的退让不是这里的思维，你应该告诉孩子，要勇敢保护自己。好吧！我来教他如何面对被欺负的问题。”

穆里尔要小儿子去跟真正的外国人交朋友，并且融入他们的圈子。果真，当他有了一群外国朋友后，这位同学再也不敢找他的麻烦。

入境随俗，想要真正融入新环境，不仅是语言，如果没有学会当地人的思考方式会很辛苦。穆里尔是我们在加拿大的生活教练，也幸好有她，我才能安然应付国外头两年的生活，孩子也经由她的教导，更快融入加拿大的教育体系与学校生活。

加拿大的文艺生活

穆里尔教我的第三堂课对我的影响极大，她是我的歌剧与音乐会的启蒙老师，让我的移民生活变得有趣。

穆里尔曾当过记者，也写评论，时常有艺文、音乐会的公关票，我们成为好友后，她三不五时会邀请我去听歌剧、音乐会。由于她年纪较大，晚上不喜欢开车，我会接送她，在温哥华那几年，我看了至少四、五十出歌剧与音乐会。

最棒的是，每次开演前一晚，她会打电话来，把明天要看的歌剧内容讲述一遍，以便我在现场聆听时能够更快速进入音乐盛宴。

就这样，我从完全不懂的门外汉，到能够享受歌剧的美妙；她也会带着我参加当地小区举办的音乐会与作家聚会，让我有机会可以跟当地人聊天，丰富心灵与生活。一点、一滴“听”懂这些艺术家的生活趣事，对我来说是崭新的经验，这是我出国前从没想象过的场景。

一直到现在，我们一家人仍与她保持联络，还会约在纽约，一起去看季刚的服装发表会。从家教老师到家庭老友，这份情谊是我在加拿大最珍贵的收获之一。

分享，让人生更美好

父母对孩子的教育包括人生修养，我希望养育出能与别人分享，有同理心，并且实际付出关怀行动的孩子，两兄弟的确做到了！

家庭的价值观关系着子女性格的养成。“感恩”与“分享”是我们家很重要的传承精神。

我的婆婆是一位很爱分享的人，虽然家境不好，但只要有好东西，她就会分享给左邻右舍。先生是家里最小的儿子，家中所有期待都在他身上，他也不负众望，自己打拼出一番事业。婆婆还在世时，孝顺的他只要有空回老家，一定会买好东西回家。我还记得，当时进口的大苹果还很罕见，非常昂贵，我们自己也没吃过。先生买了一颗给婆婆，婆婆拿到后，很开心地分送给邻居，只留一小口给自己。

先生的行事风格也像婆婆，对人大方，

尤其会站在对方的立场为人着想。我自己也是爱分享的人，在温哥华时，常与朋友分享东西与料理，我会做些“台湾”风味的食物如肉燥等，分送给新来到的“台湾”移民。因为在异乡吃到家乡味，能够消减初来乍到的些许不安与忐忑。

重回职场之前，若问我最大的本事是什么？我会回答是能做出一桌好菜，这也是先生训练出来的。

先生非常好客，喜欢邀朋友来家里吃饭，他觉得这样最能展现尽心款待的诚意。我天生爱观察，只要来我们家作客一次，下回这个人再来时，我就会特别准备对方喜好的菜色。先生的朋友总会说我做的菜最好吃，问我到底有什么独家配方，其实，我只是用心而已，在准备每道菜的当下，心里想的是如何宾至如归。

耳濡目染之下，孩子也学会分享和对人的关心。

当初，因为季刚不适应“台湾”的教育方式，我们决定带他们出国念书。很明显的，对季刚来说是一件好事，但对季衡而言，他的表现一向优秀，留在“台湾”或是出国念书皆可。直到要写这本书时，我才有机会问季衡这一路走来他的想法是什么。

季衡说，他当时根本不懂，只知道是与弟弟有关，而且要离开原有的同学与朋友，到新的地方念书。“要离开熟悉的同学，当然会舍不得，不过，那也是没办法的事。”到了一个新的生活圈，重新交朋友是他们第一件得凭己力去做的事。

由于季衡酷爱篮球，一去就加入学校篮球队，高中时，还被选为篮球队队长呢。我问他：“那些白人队友怎么愿意让一位‘台湾’学生领军？”他回答：“除了球技之外，还要懂得与每位队友交心，好好相处。”我听了很感动，因为注重团队合作与和善待人等观念，都是我希望孩子能拥有的特质，而孩子们也真的做到了。

从高中起，季衡就开始住校，大学在外租屋，每回我帮他准备的零食点心，他总是放在公共区与大家分享，被室友、同学一扫而空，他也不以为意，有时半夜饥肠辘辘，才想到应该留一包给自己。

不忘饮水思源

季刚在大四时自创“Jason Wu”服装品牌，但在这之前，他的娃娃就已经是娃娃界收藏家竞相收藏的产品。自创品牌的第二年，我到纽约看完他的服装秀后，他当时的伙伴跟我说，过两天第五大道上著名的史瓦兹玩具百货要帮他举办娃娃专柜开幕酒会，建议我留下来参加。

史瓦兹玩具百货是季刚从小就很爱去的玩具店，每次进去，就像着了迷似的，总要用拉的，他才肯走出店门。某一次，他被我硬拉出来后，跟我说：“妈妈，长大以后，我要他们请我设计娃娃，然后有自己的专柜。”

言犹在耳，我们的车还没到会场，只见史瓦兹玩具百货门口已经大排长龙，而外头正下着大雪。

我被带到楼上的展示间，那是我第一次看到娃娃商业展示，每个都令我惊奇，忍不住拿起相机拍照，拍得起劲之际，有 3 位老先生、老太太走进来，由于季刚已经事先提醒我，这些进到展示间参观的人都是来自全球各地的买家，怕言多必失，我只微笑向他们点头，以表示礼貌。

其中一位老太太见我是东方脸孔，便问我："你是 Jason Wu 的妈妈吗？"

"是啊！我是。"她一听到我是季刚的妈妈，开心地说要跟我分享一个他们与季刚的故事。

"什么故事呢？"我被勾起好奇心。

"季刚从没有抛弃我们！"原来，眼前这 3 位老人家就是季刚第一笔订单的买家。

当年在玩具展现场，除了生产芭比娃娃的美泰儿（Mattel），还有很多知名的娃娃品牌。当时，他刚出道设计娃娃，作品被分配到一个不起眼的摊子，但这 3 位买家发现他的娃娃很有特色，立刻下订单。不过，他们是在美国比较偏远的城镇开店，只能订少量的娃娃。

"现在季刚这么红了，比我们大的全球买家都得排队等候，一次下单都是数十、数百个。但季刚对我们很好，每次都会预留名额，即便我们的订单数量微不足道，只有少少的个位数。"

听完，我的眼角有些发热，我很欣慰孩子能够体会、实践饮水思源的道理。好的家庭教养，是要给孩子正确的人生观去走未来的路，让他们能对自己、家庭、社会负责。

以两个孩子为荣

孩子的成就高低不是以名利多寡来论断。如果孩子日后是个平凡小民，但拥有正直、开朗的价值观，在我的标准里，这就是有所成就了。反之，就算赚很多钱，却是以不正当的手段取得，为人父母也很难以他为荣。

我观察到，季衡现在都会特别注意同事需要帮忙的地方，很多人不会注意到的细微之处，他也会主动关照。

季刚也是。他在纽约寓所请了钟点工打扫，是一位墨西哥太太。我第一次去他那里住，他提醒我何时有人会来家里打扫，要我在那段时间出去晃一晃，这样人家比较方便打扫。”隔几天外头下大雪，实在太冷，那天我没出门，待在家里。

当钟点打扫阿姨来时，我先到客厅，自我介绍是季刚的妈妈，为了不影响她工作，我回房间待着，等到那位太太快要清扫完毕才出房门。

她看到我出来，问我可否说几句话？我点点头。

“吴太太，季刚是一个非常有礼貌与爱心的孩子。在我清扫的这么多户人家里，他不算有钱，但他却给了我一份很大的圣诞礼物，1000 美金！这是我收过最大的礼物了，他真的很慷慨仁慈！”

那时，季刚还在打工，知道她的先生洗肾，家计全靠她这份薪水。后来，季刚自己创业，连办公室都请她来打扫，让她多一份收入。

2012 年初，我跟先生到纽约看他的服装秀，先生突然高烧不退，季刚通过朋友帮忙，安排爸爸住进医院病房。

这位墨西哥太太知道先生住院，大老远拎着两个塑料袋的水果来看我们。她说，季刚多年来这么照顾她，她一定要来探病。看着她带来的水果，我们很感动。

“妈妈，我们的儿子好棒！做人这么成功。”先生有感而发。我们都是不爱麻烦孩子的父母，这次先生在美国突然生病，最大的感触是有个贴心的孩子真好！

其实，秀展结束后是季刚最忙碌的时刻，所有买家、媒体访问接踵而来。他放下所有工作，请假两天，办完所有住院手续、与医师沟通治疗细节等，才回到工作岗位。上班时，他又怕我没东西吃，如果真的走不开，还会托同事送餐给我。

主动对人付出关心

先生住院期间，还发生一个令我动容的小插曲。美国的表姐来探病，我带她到医院休息区喝下午茶，碰上一位热情邀请我们同桌的太太，闲聊后，才知道她先生是这家医院的董事，因为 29 岁的女儿得了淋巴癌，她在这里照顾女儿。

表姐见她正在看的《纽约时报》上有季刚的报导，便跟她说我就是季刚的妈妈。

她听了非常开心，跑回女儿病房，约莫 20 分钟后，她回来跟我们说："我女儿从发现自己罹患癌症后，再也没笑过，可是，刚刚我说跟季刚的妈妈在喝下午茶，她笑了！"

原来，她的女儿很喜欢季刚的作品，之前还很沮丧，无法亲自排队抢购季刚帮 Target 品牌设计的衣服。这位妈妈希望我能请季刚亲笔签名给她的女儿。

"没问题！如果可以，我希望季刚能去看看她，为她加油打气！"

不过，等到季刚来医院时，年轻女孩因为打针治疗，人很不舒服，无法与他碰面。

季刚从她妈妈口中得知隔天是她 30 岁生日。因为化疗掉光了头发，这位女孩最想要的生日礼物是季刚设计的一条丝巾。他告诉那位妈妈，这条丝巾连他自己也没有拿到，但他会尽力试试。

隔天一早，季刚请秘书送来一份生日礼物与亲手写的卡片。这件事我本来不知道，是因为当天先生要出院，我前去与那位太太道别时才得知此事。

“虽然季刚没有找到那条丝巾，但他送了另一件 Target 的衣服当礼物，我女儿特别高兴！”她脸上因见到女儿久违的笑容而闪着光芒。我想，这就是为人父母最大的喜悦，孩子开心，自己也就开心了！

我自己也很高兴，我没有要季刚这么做，可是他在百忙之中，还能主动关心偶遇的人，让我感受到孩子的懂事与成熟。

我们也曾到他的纽约办公室，一起散步在那条时尚大街上。一路上，不少人跟他打招呼，我注意到，那些人都是快递小弟、送货司机等，他们之间的招呼像是朋友间的平日寒暄。

我好奇地问小儿子：“你跟这些人怎么这么熟？”

“妈妈，他们在外头奔波很辛苦，到公司时，有时肚子饿，我就准备茶水、点心给他们吃，小礼物、小费也会多给他们。有时我们赶着出货，超过他们的下班时间，他们还是会帮忙。”

我很开心，季刚虽然成名，但与人交往，不论对方是大人物或是小平民，他都能以礼待之，重视与人交往的礼仪细节。我想，有这么多人喜欢他，除了作品之外，他的谦逊也是主要原因吧！

季刚刚开始走红时，我的担忧不会比喜悦少，怕他被名利冲昏头。这几年下来，看他的应对进退，听他的想法，到现在，几乎可以肯定这个孩子的良善本性依旧，这让我非常欣慰。

为人父母，我从来没有设定过孩子要大富大贵或是举世闻名。

我的教养目标是孩子能够有一技之长，处事成熟，为人正直，做一个不给社会造成负担，且值得朋友深交的人；然后，他知道自己的人生目标，也愿意付出，努力为未来打拼。

德国哲学家康德说，好的教育使世界上所有的善都表现出来。父母对孩子的教育包括人生修养，我希望养育出能与别人分享，有同理心，并且实际付出关怀行动的孩子，两兄弟的确做到了！

“掌握教养时机”思维

趁早播下观念的“种子”

TIPS 1 情境式教育效果最好

有时，尽管孩子年纪尚小，无法理解待人处事的道理，也没有办法体会父母的用心，但也不能因此就选择不说。我的做法是用最浅显的语言，将未来会发生的、可预期的结果，先让他们知道。

尤其是遇到合适情境时，我会抓紧时机，进行教育。为什么要在合适情境呢？因为，若没有情境因子时，就容易演变成父母单方面的唠叨。

TIPS 2 给建议，不要下命令

父母常会面临两难境地。虽然很想把人生的主控权交给孩子，但父母比孩子年纪大、经验丰富，这些会告诉我们如何选择最适合的方案、怎样做对孩子最好。可是，在传承经验与智慧之际，别忘了要在孩子能够欣然接受的情况下，因为这样，建议才不会变成命令。一旦孩子觉得你讲的都是命令，久了就不想跟你相处

TIPS 3 不要有“外国月亮比较圆”的心态

虽然移民加拿大，我还是希望能够中西合璧。我不一面倒向自由开放，也不故步自封、墨守成规，拒绝接受更好的教养思维。我用自己所体会到的，理解每个孩子的独特性，随时进行调整。而且到国外后，我更重视培养孩子的责任心，从家事分工开始训练，不让他们因为来到一个开放、自由的环境，就失去该有的生活规矩。

TIPS 4 让孩子成为懂得付出的人

好的家庭教养，是要给孩子正确的人生观去走未来的路，让他们能对自己、家庭、社会负责。

孩子的成就高低不是以名利多寡来论断。如果孩子日后成为一个平凡的小职员，但拥有正直、开朗的价值观，做一个对社会有用，且值得朋友深交的人；然后，知道自己的人生目标，也愿意付出，努力为未来打拼，这就是有所成就了 。

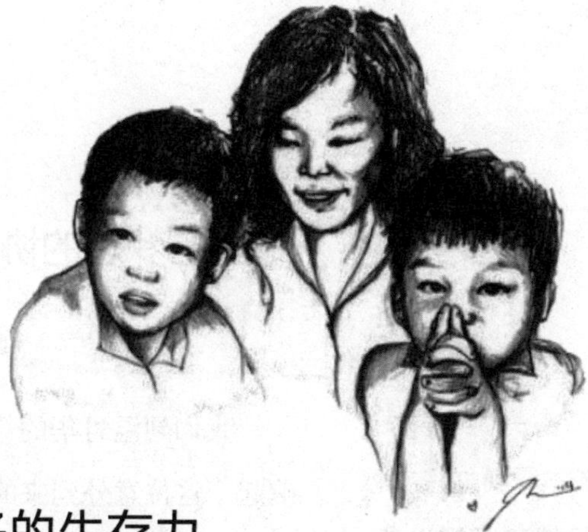

第 3 章
放手，教出孩子的生存力

诗人纪伯伦有一段话:“父母是那弓，孩子如生命之箭射出，愿那弓手（造物者）手中的弓乐于为箭弯弓。”弓（父母）要信任箭（孩子）有自己想去的方向。

上天会给每个孩子一亩田与一把锄头，每个孩子都有自己的天分与才华，会在这亩田里种出甜美的果实。

发掘孩子天赋的同时，父母更要懂得放手，不要过度保护他。父母要支持他直面挑战，放手让他多尝试，鼓励他思考并寻找解决方案。这样他才能在未来竞争激烈的环境中，拥有真正的生存力。

做孩子梦想的协助者

受一位女传教士的影响，我打开了心胸接纳孩子的兴趣，成为孩子梦想的协助者，并注重培养他的天赋和视野。

我们到温哥华的第二天，电话铃突然响起，这位意外到来的客人是季刚今天之所以如此优秀的重要推手。

“我是卡琳娜（Corrina Yang），你家有小孩吗？我能否带领他们研读《圣经》？”她进门后，强调她提供的是免费服务。结婚前，我母亲是基督徒，我偶尔会跟着她上教会。

于是我回答她说：“好啊！”读《圣经》能够了解国外历史与文化，孩子无形中也多了一个说英语的机会。此后，卡琳娜每星期会花一个晚上来教两兄弟读《圣经》。

季衡个性稳重，当时他的英语比较好，也能够静下心来阅读。季刚就不一样了，才读一会儿就会拿起纸笔“创作”一番。

卡琳娜见过几次后，问他：“你在画什么？”

“我在画我的设计图，我将来要做设计师。”

“我的专业是时尚设计，如果你要做设计师，说不定我可以帮上忙。”

为了让季刚专心读《圣经》，卡琳娜跟他交换条件，她每星期多来一天，专门教他如何画设计图，但前提是他得好好上《圣经》课。卡琳娜先从素描教起，之后又教他构图、比例，还自掏腰包，买了很多相关书籍与工具给季刚。当然，季刚也遵守承诺，乖乖读《圣经》。

同时季刚也靠自己找到美泰儿俱乐部的地址和电话，一个小学生就这样打电话过去，说服了俱乐部负责人接受他加入，之后，我每周六载他去参加与当地芭比娃娃收藏家的交流会。

过了半年，卡琳娜认真跟我说，季刚非常有天分，要我栽培这个孩子。她还跟我说：“季刚需要一个更好的老师，不是我不想再教他，而是我已经把我所有的本事都教给他了！”

从接纳兴趣到培养天赋

她的一席话让我开始认真看待季刚的童言童语。从 5 岁起，他就跟我们说长大要当设计师。老实说，当时我没当真，心里还想着，这个孩子的观察力这么敏锐，或许将来可以往心理医师方向发展。

我知道季刚有艺术天分，但这是第一次从服装设计专业人士口中听到，此时，我才认真看待这个孩子的设计师梦想，而之前我只是把它当作孩子的兴趣，并任其自由发展。

在台北时，家里的 3 楼是他的娃娃工作室。那时，他每星期都要我们带他去婚纱街看最新的礼服设计，回家后再把喜欢的款式画下来。农历 7 月是结婚淡季，不少店家趁这个月装修。季刚看到后，回家也依葫芦画瓢，在 3 楼入口用海报写上“内部装修，暂停营业”。

在温哥华我们的房子不大，于是我把地下一楼整理成他的娃娃工作室，季刚每天放学回到家，书包一丢就一溜烟往工作室跑。

工作室是季刚尽情做自己的小天地。在温哥华的时候，来家里的客人看到客厅里摆放着小儿子做的漂亮娃娃，会不经意地说一些玩笑话，有时这些话会让他伤心。

我会安慰他：“没关系！他们不懂，妈妈懂！我们支持你继续做自己的娃娃。”

季衡也是，只要有其他孩子取笑季刚爱娃娃，他一定挺身而出，捍卫弟弟，反问对方：“玩娃娃有什么不对？”

我也第一次很认真地思考，如果季刚真的想成为设计师，他需要什么样的教育？我决定帮他物色专门教设计的老师。

初到加拿大，我该怎么找到这样的老师？我想到穆里尔的女儿曾提及她的室友念服装设计，通过她室友的介绍，我拿到艾米利卡尔艺术大学 (Emily Carr University of Art and Design) 服装设计系主任的电话。

为了孩子，我鼓起勇气打了电话，系主任让我带季刚和他的作品去找她。看完作品后，系主任称赞季刚有天分，但她没有那么多时间到家里指导他。我对系主任说：“只要您愿意教，任何时间、地点我们都配合。”就这样，只要系主任有空，我就开车载季刚到她家学习。

这是季刚第一次上正规的服装设计课程，系主任指导他最基础的画图、打版等。教了快一年，系主任跟我说没办法再教了 。

“是孩子的学习态度不够好吗？”我问。

“不是的，季刚学得很快，态度很好，也很有想法，只是我觉得非常抱歉，常常跟你们改时间。”系主任说自己得常常跑去国外看服装秀，而且也越来越忙。

我拜托她再教一阵子，让孩子再提高一些。拗不过我的请求，系主任答应再教下去，其间也好几次开口请辞，到第四次时，我知道不能再勉强了，但要上哪去帮季刚找到下一位好老师呢？当时我灵机一动，想到系主任自己没办法教，但可以请她推荐学生。

“您也认为他有天分，那么可不可以帮我找一位您觉得有才华也有耐心的学生来教他？”于是系主任给了我她的得意门生塔拉的电话。

不能以貌取人

塔拉按照我们的约定前来我家。一开门，我被吓了一大跳，以为是哪个摇滚乐团的歌手按错了门铃。

她的头发染了三四种不同颜色，耳朵穿了好几个耳环。我暗自担心是否能把孩子交给她，该不会技术没学会，外表却变得跟她一样了吧？交谈之后，我发现塔拉是个很有爱心的女孩，而且已经是温哥华当地的品牌设计师。我立刻聘请她，同时也自我反省不能以貌取人。

季刚在塔拉的教导之下，学习了画画、打版、剪裁、缝制、认识布料等，当她发现季刚喜欢做芭比娃娃时，就鼓励他设计与制作娃娃装。对一个小孩来说，缝衣服不是一件简单的事，加上娃娃的衣服尺寸特别小，难度更高。练习初期，他受到挫折，好几次都不想做，但想到老师说要成为设计师不能不会缝衣服，还是坚持下去了。

教了一年多，塔拉的品牌设计工作越来越忙，没时间到家里教他，我说可以送季刚到她的工作室上课，她这才答应继续教。

她的工作室位于艺术家云集的地方，那里住了很多嬉皮士，对当时的我来说，每次开车载季刚去，看到一群打扮怪异的人，着实害怕。尤其在冬天，温哥华常常雾茫茫一片，家里离工作室约 40 分钟车程，我不敢在那个地方逗留，送季刚上课后就驱车离开。当时我没有手机，还跟朋友借了一部，儿子下课给我打电话，我再开车去接他，这样送他去上一次课我得开 4 趟车。

记得有一次，雾实在太浓烈，前面的路都看不清楚，导致我转错弯，上了一座桥，迎面而来的是一堆前车灯，原来我驶上了逆向车道，在那一刻我吓得满身大汗。

在“台湾”时，季刚只学过纸黏土和绘画，到了温哥华，他很幸运，一路碰到许多贵人，找到一位又一位好老师来教导他。他 30 岁生日那天，我回想起他 10 岁时，因缘际会遇上卡琳娜无条件付出，也因为她的一席话，让我这个母亲下定决心栽培孩子。

如果没有当年那位漂亮的女传教士，我可能只会把季刚的才华当成兴趣。所以，请别轻易忽视孩子的童言童语。父母要打开心胸，接纳孩子的兴趣，成为他梦想的协助者，培养他的天赋，同时也开放他的视野。

季刚的小生意

放手，让孩子多尝试，即便是最聪明的孩子，也必须用心学习，才能有所领悟。

我在加拿大学到了一个非常重要的教养原则，那就是凡事先问："为什么不？"

加拿大的教育理念是，不管孩子想做什么，只要是正当的，为什么不让他做？我发现这样的开放思维，能够教出具有独立思考、能主动解决问题的孩子。

加拿大的学校一般都会安排学习服务课程，给孩子学习应对陌生人的机会。比如，学生要到加油站工作一天，成绩评比看的是洗车收入。因此，孩子们会各出奇招，不管是穿上清凉装扮还是拿旗帜挂招牌，总而言之就是要想尽一切办法吸引顾客上门。有趣的是，若是华人的小孩，父母总是会事先通知邻居好友，请他们开车到现场助阵，帮孩子创收。

相较于西方父母，华人父母常常过于保护小孩，我自己有过同样的经验，结果花了好几倍力气才矫正回来。事实上，在孩子的成长过程中，父母要学着信任与放手，让他们从小有机会多尝试不同的事物，我很愿意让孩子在陌生环境中自我挑战。

我要自己做生意

在温哥华，我常看到外国小孩在自家车库前或后院做起小生意。夏天，他们会从自家果树摘下成熟的果子，卖新鲜现榨果汁。在节假日，还有不少人会把家里不用的玩具、书籍拿出来卖，搭起临时跳蚤市场。

因为看习惯了，当季刚开始做起小生意时，我也由他去。

季刚从小对做生意特别有兴趣。7-ELEVEN 刚被引进“台湾”时，他看到后问爸爸：“为什么有好多 7-ELEVEN 店？”先生回答那是连锁便利商店。有一天，他突然跟他爸爸说：“爸爸，我知道了！我长大要开很多家连锁店，但不要在同一个国家，我要开到世界各国。”

然后，他转头问哥哥：“你长大要做什么？”

季衡偏着头，想了一会说：“我不知道耶，还没想到。”

他煞有介事告诉哥哥：“你不用想了，我一定会开很多间店，到时候你来管理就好了！”

当时听着只是觉得有趣，没想到还是小学生的他，居然真的开始做起小生意来了。

随着技艺臻于娴熟，他开始卖起自制的娃娃。11 岁时，他在网络上查到市集摊位出租信息，但一个小学生哪有能力租下整个摊位？这个鬼灵精竟然想出“分租”的方法，通过网络，请对方分租他 1/3 的摊位。全部落实好后，他才告知我时间、地点，请我载他去摆摊。第一次摆摊，他没赚到钱，反而还用我给他的零钱，买了泰迪熊送给我。

第二次，他照旧查好所有信息，请我载他去。那一次，刚好先生也在温哥华，便跟着我们一同前往。抵达摊位后，季刚挥挥手示意我们离开。

“我要自己做生意，你跟爸爸去逛街，晚上五六点收摊时再来接我。”印象中，从第二次后，他就开始盈利了。

从上当受骗中学到经验

半年后，季刚的小生意从实体摆摊，进阶到网络化服务，也从上当受骗中学习到了做生意的方法。

“我要做限量版。”他从小搜集娃娃，知道芭比娃娃是销售全球的产品：“做很多的话，需要很多钱，如果我只做几个，价格肯定能卖得比较高。”

不过，他收到的第一个订单就让他尝到了上当的滋味。有家娃娃公司请他设计娃娃头，结果他把样品寄过去后就石沉大海了。有了第一次的经验，他就知道做生意要小心！

学到教训后，他改变了策略，先做好一个成品，拍照上传到网络上，并在旁边写上“限量 5 个”。等收到 5 个人的订金后，才开始动工完成其余 4 个娃娃。不过等他将成品寄出后，还是有一两位买家没付尾款给他。

这次经验让季刚学得更聪明了！

第三次，同样也是限量5个，但他只做一个成品就停工。一星期后，他把那唯一一个娃娃的成品照片放到网上去，并告诉买家娃娃已经完工，请汇出尾款。确认收到全部尾款后，他才请我载他去采买所有材料。不过，压缩工作时间的下场就是，我与几位阿姨成了他的“家庭代工厂”，都要帮他缝制娃娃衣服上的珠子和配饰。

高中时，他得知巴黎要举办第一届国际芭比娃娃改造比赛，于是跟我说想参加。我问他：“美国就有这样的比赛，为何要大老远去法国比赛？”季刚说，这个比赛在美国举办了很多年，高手云集，在巴黎是第一次举办，还没那么多人知道，获奖的机会比较大。

“如果我得奖了，你们会不会让我去巴黎领奖？”

得到我的同意后，他再打电话回“台湾”问爸爸。

“好啊！只要你得奖，一定让你去。”

我们尊重孩子的想法，也支持他一路追梦、挑战自我的过程。

结果，他在那年的国际芭比娃娃改造比赛中获得了两个第一名（分别是晚礼服和新娘礼服两项第一），也是参赛者中年纪最小的一位。得奖后，当天到巴黎颁奖的美国总部主管，邀请季刚为美国芭比娃娃秀设计一款义卖娃娃。

他开心极了！因为这场秀早早额满，他为此很懊恼没报上名，现在不仅可以入场，作品还要参与义卖会。

他的第一款义卖娃娃以 3000 美元卖出，第二年参加义卖，他的作品已经翻涨为 7000 美元，在娃娃收藏界名声大噪。

所以，父母要支持孩子去面对挑战，放手让孩子多尝试，鼓励孩子思考，寻找解决方案。就像“Jason Wu”的全球品牌，也是他从小学时期的小生意一步步做起的。上当不打紧，重点是孩子有机会在做中学、学中觉，从失败中学习的经验，才是最宝贵的！ 一旦有初步成功，就会给孩子的动力系统添加更多燃料，他们会更加投入，并更加相信自己可以做到！

学习别怕做白工

孩子的每个学习过程，都会成为他人生的养分，可能在你意想不到的地方开花结果，这样就足够了。

投资培养孩子的兴趣，当然不会每项都成功，有时父母会得不到任何回报，但也无妨，无需太过在意。因为这些都会成为孩子的人生养分，可能会在你意想不到的地方开花结果。就像学小提琴的孩子最后没有成为小提琴家，却成为出色的工艺师，因为音乐的涵养让他的感受力特别突出，这就足够了。

以季刚学纸黏土为例。

在“台湾”时，一开始我们帮他报名了一个学习班。当时老师不看好他，因为他小时候胖嘟嘟的，手指短短的肥肥的，实在不像是一双巧手，但他一路学了下来，到了小学三年级，已经上到纸黏土高级班。

他的高级班老师也是我四处打听到的。当时老师接到我的电话，一听是小学生，立刻回绝："吴太太，我教的是高级班，都是大人，不收这么小的孩子！况且，现在也没有多余名额。"

"老师，可否给我们一个机会？孩子已经有基础，我带他的作品给您看看。"我再三请求，老师好不容易答应看看季刚的作品，但还是一直强调学员已满。

我还记得，开车带他去见老师那天，下着倾盆大雨，不知是车里冷气太强还是他本来就有点感冒，停好车时他突然呕吐，吐得车上到处都是，我见他不舒服，就建议今天先取消跟老师的见面，另约时间。

"妈妈，我没关系！如果我们今天不去，万一老师之后不见我们怎么办？"他坚持一定要去。帮他清理沾身的秽物后，我们就上楼拜访老师。

结果，老师看到他的作品，惊叹道："这么小的孩子怎么会如此手巧？"于是，当场答应让他插班上课，我们预报了 1 年的课程，但上了不到 2/3，便因为移民加拿大中断。

获得纸黏土认证

到了温哥华，他要我再找老师。每学到一个阶段，他都会主动跟我反映没有东西可学，要我再帮他找老师，最后还要我找能让他拿到证书的老师。

刚到温哥华时，我通过一位朋友的介绍，找到了一位来自"台湾"的老师，他们住在山上，离我们家约一个半小时车程，学了一阵子后，季刚跟我说："妈妈，要找新的老师了！再学下去，我学不到东西了。老师大多还是靠塑模，我喜欢直接塑造出一张脸，那才有创意。"

说完他再补充道："妈妈，这次要找能让我拿到资格认证的老师，不然我学这么多年都没有认证，这是不对的！"小儿子这次的要求，可真是个难题。

我费了好大一番功夫，最后在当地报纸看到纸黏土教学广告，上头还写着"可有证书"。那位老师也是"台湾"移民，跟日本学院合作，在加拿大开设教学课程，使用的纸黏土也是向日本订购的。教室靠近机场，离家里约 1 小时车程，季刚很开心地继续上纸黏土课程。

那时，季刚已经在学裁缝，他突发奇想，把纸黏土泡在水里变成纸浆，再将蕾丝浸泡其中，变硬的蕾丝就能用于洋娃娃礼服上。随着裁缝技术愈趋熟练，他觉得纸黏土制成的衣服不够精致、生动，于是开始帮洋娃娃量身订做，缝制礼服。

不过，要取得日本纸黏土教授证书必须将作品送到日本参展，光是运送娃娃作品就是一项大工程。

洋娃娃的衣服虽是布料，但身体还是易断裂的纸黏土，禁不起任何碰撞。在家教老师穆里尔的建议之下，我找到专门运送博物馆展出品的专业包装公司，包装费昂贵得令人咋舌，等于一张加拿大到日本的机票。

即便作品已经进行专业包装，到了日本，娃娃的手还是断裂了，但细心的季刚带上了工具，在现场就能修补。那次参展的创作者平均年龄是 55 岁，季刚是全场年纪最小的人，只有 14 岁，结果他拿下特赏奖，获得日本纸黏土教授证书。

但碍于大会规定要满 16 岁才能颁发证书，教授资格在 2 年后才生效。

回来后，季刚竟将纸黏土工具箱与余下的材料全部打包，放进贮藏室，然后向我宣告他不玩了！我瞠目结舌，心想这小子葫芦里在卖什么药，好不容易取得日本教授资格，不是更该持续下去吗？

我半开玩笑、半认真地问他："老兄，你上纸黏土课也花了很多钱，是不是应该开课教学生，赚点钱贴补学费呢？"

为了他的纸黏土，先生与扶轮社的朋友有次还被加拿大海关搜身，差点被扣留。那次，他们一行人刚好要到温哥华与友社结盟，先生拜托同行者帮忙分担十几箱纸黏土的行李重量，海关还以为他们走私白粉，虚惊一场。

"妈妈，这不是我的目标，拿到证书只是一个过程，之后我还是要专心在时装上。"季刚清楚地跟我沟通他的想法，我也接受了，因为我相信，这些过程与学习足以让孩子受用一辈子。

把人生画布的笔交给孩子

孩子的人生是一张空白的画布，真正有权利在画布上挥笔的，只有孩子自己。

原本，我是个很传统的母亲，希望两个孩子未来都走稳健的道路，学得一技之长，平稳地过一生。

季衡从小成绩就非常好，一路都是资优生，功课从不用我操心，再加上个性不计较、爱分享，常常被老师、同学选为班干部，我每次去参加他的家长会，都是与有荣焉。

正因为季衡很会念书，求学路上一路顺遂，我对他的期望甚深，希望他能成为医师或律师。

“医师与律师，你想选哪一个？”他回答不想当律师，“要不要试试当医师？”为了让他提早体验医院里的生活，就在他在美国就读高中时，有一年暑假我们还特地安排他到医院实习，送他去读布朗大学医学暑期班。

因为具备相关实习资历，加上成绩优异，升上高三的那年圣诞节左右，季衡就收到约翰 · 霍普金斯大学生物系的提早录取通知（美国大学为了争取优秀学生，提供申请者“提早录取”的选项。学生可以提前在“一般申请”截止日前的 12 月中下旬，预先知道申请结果，一旦录取后，就一定要入学，因此，每位学生只能申请一所“提早录取”的学校），等他高三毕业，就可直接入学。

不想念医学院

生物系是美国医学院的预科，季衡读了近一年，有一天他突然跟我说：“妈妈，医学院不好玩！没有意思。”

“为什么没有意思？”我问他。

季衡说，刚开学，同学都还玩在一起，但随着愈接近升上大二，成绩关乎医学院申请排名，竞争氛围油然而生，同学们很怕别人知道现在自己正做的研究计划：“而且没有人跟我谈篮球，大家见面都在谈功课，这不是我想要的，我想转系。”

他不断强调医学院无趣，这两个字是他的口头禅：“我喜欢生物，不代表我未来想要读医学院。”

我心想，会不会因为他大学之前都是名列前茅，但上了大学后，发现全世界的资优生都在这里，想要再拿前几名就变得困难，无法适应，才会觉得无趣。

我脑海闪过季衡获得约翰 · 霍普金斯大学录取通知时，先生开心地亲了我一下说：“你好棒！把孩子带得真好！”辛苦培养他多年，终于等到开花结果，周遭朋友都羡慕我有个将来要念医学院的孩子。

“哥哥，你可不可以再努力看看，再撑一下。也许这只是一个瓶颈，过了就好了。”想到我们为培养他迈向医生之路，花尽心思，我实在不想心血化为泡影，希望他能继续读下去。

坚持了快半年，有一天，季衡的好友终于忍不住帮他反劝我：“阿姨，季衡真的很不快乐，我看他快发疯了！”我听完后，答应会跟他的爸爸再讨论。

同时，季衡也认真地跟我说：“从小到大，你愿意给弟弟很多机会去尝试，这次，你可不可以给我一个选择的机会呢？我真的不想念医学院，那不是我要的人生。”听到这话，我开始认真思考他的心情。

我本以为先生会跟我站在同一阵线上，没想到，他回过头劝我不要再坚持。后来，我才知道，季衡在跟我提出转系要求之前，就已经和爸爸谈过了。

我先生一向坚持不要勉强孩子做不喜欢的事，他同意儿子的决定，并告诉他：“好！但美国的学费很贵，你只能转系一次，所以你要想清楚！”并且要他尊重我，与我沟通他的决定。

“你是因为面子问题吧！之前大家才称赞儿子好棒，将来要念医学院，结果现在不读了。他不念医学院，难道就是世界末日吗？”先生说服我，约翰·霍普金斯大学是一所好学校，儿子想转念同校的国际关系不比生物系逊色，要我答应让他转系。

“我们就顺着孩子的兴趣，放下大人的面子吧！他不快乐，你还能够快乐吗？”先生语重心长地说。

这句话点醒我。我到底是为了他好，还是为了自己的面子？认真想了几天，我决定放手。这是孩子的人生，他有权利选择想要的。

成就孩子的快乐

转系之后，季衡整个人变得快乐了许多，像是找回自由的老鹰。篮球重新回到他的生活，学业上，他双修国际关系与经济学两个学位。大学快毕业时，他原本想留在美国继续攻读硕士，一是没有语言障碍，二是成绩够好，大有机会申请到哈佛、斯坦福等名校。

我建议他，若能再精通日语，能讲中、英、日三种语言，不管未来想从事何种工作，都不用担心自己的竞争力。

小时候，除了英语课，他们各选了第二外语，季衡是日文，季刚则是法文。没让季刚读日文的原因是，万一有一天他真的走上设计之路，法文一定派得上用场。

“哥哥，你要不要考虑到日本攻读硕士？妈妈觉得，你多精通一种语言，起码领先同伴 5 年的竞争力。”我跟他分享，在我们的年代，会讲英语就很了不起，“等你们毕业，说英语是基本功，如果想要提升竞争力，要让自己有差异化，至少要比别人多会一种语言。”

季衡当下没答应，只说会好好想想。过了一阵子，他主动跟我说:“妈妈，我决定听你的建议，去日本读商学院。”孩子前进的动力，来自他内心的自由意志，果真，他先到日本庆应义塾大学念语言学校，因为不想再等一年，同年选择报考可用英语写论文的早稻田大学企管硕士班，录取后也拿到了奖学金。

两三年前，他突然跟我提起，还好当初听进我的话，转赴日本念 MBA，这对事业发展极有帮助——因为能讲流利的日文，发展日本市场非常有利。当他顺利签下日商的代理权时，开心地拥抱我直说："妈妈，我非常感谢你当年的建议！" 他去日本留学也让他结识了另一半，娶回美娇娘。我们的媳妇筱惠是中日混血儿，两人在早稻田大学相识，他是学长。毕业后，两人在"台湾"朋友的婚礼上重逢，进而相恋。

回想起来，我很感谢先生，也庆幸自己学会放手。很多决定是一念之间，塞翁失马，焉知非福。何谓好？何谓不好？如果当初我不愿意让季衡顺着自己的心愿发展，我可能少了一个能够快乐发挥自己的孩子，现在他也不会回到"台湾"，陪在我们身边，跟着爸爸一起打拼事业。

很多父母常会不自觉地把社会主流价值加诸在孩子身上，把自己的理想变成孩子的梦想，尤其对会念书的孩子，更是寄予厚望。相较来说，不会念书的孩子反而较幸运，因为最后父母多半会认清无法勉强这个现实，孩子反而有空间可以顺应自己的天赋发展。

在华人"读书才能出头"的传统价值观之下，不少会念书的孩子被剥夺发挥自己兴趣的机会，即使最后如父母期望的功成名就，其实活得也并不快乐。每当我看到"某某优秀生因学业压力过大自杀"的新闻时，都会很难过，一代接续一代的传统期望，变成压着孩子无法喘息的巨大包袱。

华人父母给自己太多责任，也让孩子背负过多压力。孩子的人生是一张空白的画布，真正有权利在画布上挥笔的只有孩子自己。父母要做的是提供作画时的养分，陪伴孩子挥洒出自己的梦想。

我的期待 VS 孩子的选择

我很早就与季约定，父母支持他的设计师之路，但他必须读完大学，结果事与愿违。

2013 年，美国总统夫人米歇尔在就职舞会上，再度穿上季衡设计的礼服。

因为季衡的关系，我会留意美国大事，以及第一夫人米歇尔的新闻。我很喜欢这位新时代女性，既聪慧又时尚，穿着搭配独具风格，又能显出她的优雅与美丽之处。

2013 年 1 月 22 日，是奥巴马连任的就职舞会，那天早上我特地延缓出门时间，收看 CNN 现场转播。当米歇尔穿着红色露肩晚礼服现身在舞台上，我只觉得这件衣服不输季衡 4 年前设计的象牙白那套，甚至因为是红色，显得更抢眼，我忍不住赞叹出声。

看了一会，我关上电视，准备出门之际，

季刚打来电话，问我有没有看转播？

“有啊，那套红色礼服不知是哪位设计师的作品？真是好看极了！”

听到我的回答，季刚大笑着说：“妈妈，那是我设计的！”

“难怪，我觉得那红色调有点眼熟。天啊！我万万没想到她又选择你的作品！好不可思议！”

我惊讶到几乎无法思考，与季刚通完话后，我打给先生，想告诉他这个好消息。我注意到，自己的手指是发抖着按完号码，电话接通的那一刹那，先生听到我的声音时，以为我发生了什么事。

“你怎么了？哪里不舒服吗？”听到先生着急的问话，我才回过神，意识到自己不只是惊讶，而是惊吓到连声音都在颤抖。简单的几句话，花了好几分钟才说完。

季刚在 2012 年的服装发表会上，就以中国红作为主秀色调。发表会结束后，他很开心地跟我分享自己如何调配出心目中完美色彩比例的中国红。我没想到他会延续红色元素，更没料到全球有那么多顶尖设计师，美国第一夫人米歇尔在连任就职舞会竟又再度选择季刚的作品。直到现在，我还是不敢相信。这件礼服 2014 年被美国史密森国家历史博物馆公开展示，这也是史上头一次，美国第一夫人的第二件就职典礼晚礼服也被展示。

每年，我都会参加季刚的服装秀，包括他的第一场发表会——原本应该是毕业作品发表会，却变成儿子的首场服装秀。当时，季刚即将从美国帕森设计学院（Parsons School of Design）毕业，但他瞒着我，把原本该交给学校的毕业设计服装，再多做一倍数量，准备在纽约时装周的品牌服装秀上发表。

“妈妈，你不用来参加毕业典礼了，我没交作品，不能毕业。”他跟我解释，如果在学校毕业展先行发表，作品就算旧作，时尚秀的新品数量就会不足。

我非常生气，因为我支持他走上设计师之路，互相约定的承诺之一就是大学要顺利毕业。

与孩子的五个约定

季刚升上高中后，开始从事设计师工作，自给自足。我很心疼他，要念书又要工作，但他觉得这样很快乐，能够愈早获得实践经验，愈有利于自创品牌，甚至大学毕业前一个月，他就成立自己的设计公司。

长期研究青少年发展的美国斯坦福大学心理系教授威廉·戴蒙（Willian Damon）曾指出，若孩子自己能够拥有清楚的“目的感”，在他们完成梦想的过程里，相较于同伴，会成为非常主动、务实的学习者，并展现出惊人的正能量。季刚的确是一个很有“目的感”的孩子。他曾跟我说过：“妈妈，如果有天我的品牌成功，那是因为我比别的设计师多了市场营销的能力。”

当孩子拥有想要完成的梦想，在他们摸索与实践的过程中，父母要尽力协助子女，规划通往梦想的途径。当时我告诉季刚，要想成为设计师，从小就要打好基本功，也跟他约定了下面5个条件。

1. 下课后，接受我帮他安排的设计师学习课程。

2. 成绩要维持B。

3. 除了英语，还要再学一种语言。考虑到时尚产业在法国，懂法文会比较吃香，我们共同选择的是法文。

4. 大学必须毕业。大学教育是一个人在品德、学识等方面更深入充实的阶段。虽然，毕业证书只是一张纸，却代表学识、涵养获得认可的证明。

5. 绝对不能吸毒、学坏。时尚产业与五光十色的娱乐产业密不可分，我希望季刚能有自制力，不要染上任何恶习。

季刚承诺他会做到这 5 个条件。孩子愿意承诺，也代表能够为自己的人生负责。

他曾为了建立时尚产业人脉，到时尚界、媒体圈人士经常出没的酒吧打工，从在门口帮人挂衣服的小弟开始做起，接着才有机会进到内场，成为收盘子、点菜的服务生，因而得以认识时尚界的重量级人物，为自己寻找进入纽约时尚殿堂的机会。

当时,我很担心他学坏,原本希望他换一份工作。但季刚跟我保证:“妈妈，我在法国时，好多同学抽烟、喝酒，我都没学坏了，你放心，我知道自己是为了什么去打工。”我觉他言之有理，便不再有意见。小儿子的确因而结交很多时尚界朋友，那些都是顶尖高手。听他说，他的第一本作品集就是由全美最有名的摄影师亲自操刀。

一想到小儿子只差 1 个月，就能拿到帕森设计学院的文凭，我难免失落。

“我做到我该做的，从小到大尽力帮你安排任何你想学习的设计相关课程，你也向我保证大学一定会毕业，结果你却把作品藏起来，不交给学校，拿去秀场发表！”我实在无法释怀，“当初申请大学时，你不是坚持只念帕森设计学院吗？为何要在毕业前最后一刻放弃？”

期待落空后的尊重

“妈妈，我们学校是毕业了就不会出名，出名的都没有毕业。”这是季刚给我的理由。

“你不要给我这种理由，我听不懂！”本来，我规划等他大学毕业，再送他去法国继续深造。

“妈妈，你以后就会知道我说的是真的！我们这个行业不是比念多少书，而是看你有多努力，有多少实践经验与设计概念。”季刚说，他不想走教授之路，而是要成为一名自创品牌的设计师，“妈妈，我需要实际的商业经验。”小儿子恳切地说。

或许是因为我经历过季衡的转系事件，我虽然生气，但已经学会尊重孩子的选择。季刚先斩后奏，放弃大学文凭这件事，最后在家里和平落幕。但若能重头来过，我还是希望季刚大学能够毕业，然后再来创业。

老实说，我还是认为，再有天分的设计师或厨师，最好还是要大学毕业，因为技艺与人文涵养缺一不可，若没有知识与涵养，或许你只是一位技术超群的工匠。

就像是季刚高三时曾申请到法国当交换学生一年，本来他自觉法文不够好，不想报名，但我跟先生都鼓励他参加。面试前，他还跟我们说，根本不会被选上，他是为了父母而去的，结果季刚被选上了！同一时间，他因为 17 岁时拿下国际芭比娃娃改造比赛双料冠军，被 Integrity 玩具公司聘为设计总监。由于不想放弃工作，加上考虑到自身的法文程度，他萌生退意。

“法文不够好，到法国待 3 个月就会进步了，工作也可跟公司讨论，找到折中方法。”先生知道后，建议他让玩具公司了解，到法国读书有助于他拉高视野层次，未来能对公司有更多贡献，他也可以利用学校放假时间，回到美国，进行设计工作。

“但是，最后还是由你自己选择要不要去。如果不去，你得赶快跟学校说。”他爸爸照例把决定权交给孩子。后来，季刚选择去法国兰斯（Reims）。

但总有自己独特想法的他，在填写寄宿家庭需求时，竟然写下”家境富有、离学校近”的条件。在一般人的认知里，经济条件富裕的家庭不太需要接受寄宿学生。没想到，学校真的为他配对成功。寄宿家庭的父母曾在美国住过，说得一口流利英语，他们之所以会答应收寄宿学生是因为季刚与家中小儿子年纪相仿，可以做伴。寄宿家庭离学校走路只要 5 分钟，郊外还有中古世纪的古堡。每逢周末时，他们就带着季刚一起去古堡度假。

季刚去的第一个星期，他打电话回家谢谢我们，并一直强调他非常喜欢法国，“这里规定 16 岁就能喝酒！我下课后会跟同学去喝一杯。”他在法国待了 1 年，但也会想办法利用长假飞回美国，兼顾工作。

就我的观察，法国文化的熏陶对他的品味的确有所帮助，他曾跟我说：“妈妈，这里的人再没有钱，都要有一条爱马仕围巾。”如果不是曾经在当地深度生活过，他是不可能完全理解时尚为何是法国人生活的一部分？

有些该做的事、一些必经之路，实在无法速成。

迟来的毕业证书

在一个机缘下，我碰到季刚的同学，他告诉我季刚的想法没错。对学设计的学生来说，他们不会放弃任何可以在国际秀展上发表作品的机会。全球有太多设计师都想在纽约 T 台上发表自己的作品，错过这次机会，难保再有下次。

后来，美国帕森设计学院校长遇到季刚时，主动提起要补发一张毕业证书给他。他想了想，回答校长："非常感谢！我妈妈比我还需要这张毕业证书！"

儿子的幽默，一语道尽两代人之间的认知差异啊！不过，这张迟来的毕业证书却令我满心欢喜，我跟他的 5 个约定总算圆满达成。

培养孩子的“全球生存力”

“台湾”社会安康，我们的年轻人被保护得太好，欠缺成长动力，也因为安逸，接受挑战的耐性低，对自己没信心。

2013 年初，我应北京威德国际教育集团的邀请，到北京演讲。他们举办教育论坛，找来学者专家发表演说。行前收到讲者名单时，我发现讲者还有国内知名教授洪兰，也有国外教授。先生一看，开玩笑问我：“你确定要去吗？其他讲者都是赫赫有名的博士、教授呢。”

“当然要去，一次可以听到那么多场精彩演讲，”我跟先生说，我想接受这次挑战，“没关系！我可以分享实践经验。”

这次北京之旅，让我看到中国年轻人的“生存力”。大陆城乡差距极大，很多年轻人选择背井离乡，到北京这样的大都市谋生。主办单位为我安排两位贴身保镖，一路随行，他们的外语说得很流利。一问之下，才知道他们住在狭小房子里，每天工作 10 多个小时，半夜爬起来背英语，我问他们，生活这么辛苦，为何还要留在北京？他们回答我："在这努力打拼，才可能等到更好的机会！"

回来后，我有很深的感触，开始思考"台湾"孩子的未来。相较于中国大陆，"台湾"社会安康，我们的年轻人被保护得太好，欠缺成长动力，也因为安逸，接受挑战的耐性低，对自己没信心。

中国经济成长快速，我相信，下一个世纪的中国孩子也会碰到相同的问题。

很多人忧心孩子的竞争力，我认为，这要从家庭教育做起，父母不能再推说工作太忙，没时间花在教养上。工作与教养一样重要，为了孩子未来的竞争力，父母要想办法找到平衡。

别保护过头了！

首先，不要太过保护孩子。从生活教育开始，让孩子做家务事，很多父母怕孩子受伤，再想到他们也做得不好，最后还是得自个儿收拾残局，于是干脆自己做。

我在"台湾"时，也犯了这样的错误，总是自己包办所有家务活。不过，到了加拿大后，身兼多职，要做妈妈、家教，又要当司机、园丁、采购，分身乏术。说实话，要不是情境使然，我也不会放心让孩子做家务事。

刚开始，我担心这个，操心那个，譬如他们洗碗洗不干净，地板吸得不彻底，也怕他们受伤，搞得自己紧张兮兮。后来我想通，碗打破了再买新的，换成打不破的材质；没洗干净，我再重洗就行，何必在一旁穷担心呢？对于妈妈的不信任孩子也会不开心。

经过一段时间，孩子们慢慢上手，我也轻松了许多。现在回想起来，真要感谢那时的无可奈何，让我有了给孩子做家务事的机会。

有位朋友跟我说，她要送孙子去一家知名的幼儿园。但想进那家幼儿园，孩子出生后就要开始登记。隔了没多久，她打来跟我抱怨那家幼儿园不值得去。

我问为什么？朋友形容，孙子在家里时，她宝贝得不得了，帮他穿衣、喂饭，“结果我女儿竟然送他去一家什么都要自己做的幼儿园，午觉起床要自己叠被子，吃完饭要自己洗碗。”

我听完，坦白地告诉朋友：“就是因为你太溺爱了，才需要花加倍的学费。这些生活技能都是可以在家里学会的，你帮他做就是剥夺他的学习机会。”现在很多小朋友因为家里生活条件太好，甚至有佣人伺候，家长反而要花钱送孩子到高档的学校，学习如何自己动手的基本生活教育。

有时，关键点不在于孩子不想做，而是父母放心不下。

孩子还小时，怕他受伤，上学后，要他专心念书，更不让他碰家务事。

我看过一本书，上头指出很多现代父母会直接帮孩子做完本来该他们做的事，这样的帮忙，反而会害了他。宠小孩的结果，就像给一个人吗啡，每天一点，到最后孩子会无法自拔，习惯别人帮他把一切都做好。我相信，天下的父母为孩子做事都是出于好意，希望能帮他们，并不是要害他。

像是我中学时，父亲调职到嘉义，我因而转学到嘉义女中。学校要上游泳课，我在台北从来没上过游泳课，好几次下水呛到，很不舒服。爸爸看了心疼，托人去跟老师说情，让我通过，当时我满心欢喜逃过一劫，但现在回想，却十分后悔自己没学会游泳。

父母真的应该让孩子多接受挑战，小至做家事，大至校园、职场，能力与经验都是从克服困难中获得的。所以，父母们，别心急地帮孩子做事，让他们试试看吧，从小就让孩子有这样的成长机会！孩子能自己完成的事，就不要帮他们做。生活能力是人的本能，也是一辈子受用的能力。

训练孩子走出去的胆识

第一章曾经提过，我会送孩子去参加暑期营队。现在送孩子参加夏令营已经是常态，但在 30 年前，其他朋友都认为我很奇怪，为何一到孩子放寒、暑假，我就变得很忙。

不只是在国内，我还会把他们送去国外的夏令营，让他们有离开家这个“舒适圈”的机会。这一切都要感谢我在美国的妹妹陈美龄，她在美国从事教育顾问工作，当年给我很多美国的教育信息，我觉得这个方向是对的，即使当时“台湾”还不流行，还是尽力去做。

我送他们出去的原因很简单，让孩子从小有机会学习独立，当他的胆识愈高，愈知道如何适应陌生环境。

以季衡为例，我们在他高中、大学的暑假还曾安排他去日本读语言学校，目的就是希望他能融入日本生活，日语才能说得地道。

季衡上高中时，有一次从温哥华启程前往日本时，不巧碰上台风，晚了 2 天才到，寄宿家庭的男主人因为要上班，只能利用早上的时间，带他从岐阜县乡下的寄宿家里坐车到名古屋的 YMCA 语言学校，回程得靠他自己。

由于中间需要先坐公交车到镇上的火车站，然后再搭火车到名古屋，之后转地铁才能到 YMCA。回程时，季衡因为时差极度困倦，从火车站坐上回寄宿家庭的公交车后，不小心在车上睡着了，当他醒来时，见到窗外相似的农村景色，便急忙按铃下车。

但其实季衡早了好几站下车。偏偏台风过后带来暴雨，他的伞被吹坏，只能淋雨往前走，想打电话也找不到电话本（后来发现掉在寄宿家庭），地址也没有。

走了大半天，路上也没有便车可搭，好不容易看到路边有家修车厂，还没进门问路，就有两条大狗冲出来，把他吓坏了。

修车厂老板走出来关心，一问之下得知寄宿家庭的男主人是这间修车厂的客人，老板好心开车送他回去了。他本来不敢说这件糗事，后来因发高烧，寄宿家庭的爸妈才知道他淋雨，差一点走丢了。事后，他们载他经过事发地点，季衡指给他们看，那地方距离住宿家庭还要四五十分钟的车程呢。

大儿子出发到日本前，寄宿家庭就来信询问孩子的喜好与习惯，我告知他们，季衡喜欢打球、听音乐，因过敏不能跟动物住在一起等信息。等季衡回来后，我发现他居然敢吃一些原本不吃的食物，例如茄子。

原来，寄宿家庭在后院种了茄子，餐桌上时常出现各式各样的茄子料理，季衡不好意思说自己不喜欢吃，基于礼貌，吃完后，他还称赞“很美味”。那对父母看他把茄子吃光，以为他喜欢，所以每次只要有茄子，一定会夹给他。而且，住宿家庭里也养小狗，奇怪的是，季衡住在那里的那段时期，一次过敏也没发生。

很多时候，孩子比我们想的更强壮，在不危及安全的前提下，给他们机会，可以激发他们适应环境的潜力。

学会两种以上语言

在全球化的今天，父母要思考的是如何培养能在全球舞台生存的孩子，除了精通中文、英语，最好还具备第三种语言能力。能具备愈多与国际人士沟通的语言，孩子愈有生存力。

但一直以来，“台湾”把语言当成功课来教，在我的认知里，语言是沟通工具，要顺利走入国际，就要让语言生活化，能够精准地沟通、表达才是重点，而不是只会背单词、文法以及写报告。

生活能力、适应能力及语言沟通能力，是让孩子在全球舞台具备生存力的三大利器。要做到这些并不难，只要父母能够有多一点想法，家庭教育就能为孩子的未来竞争力打下良好基础。

“放手，教出孩子的生存力”思维

勇于自我挑战，更有竞争力

TIPS 1 让孩子尝试自我挑战

华人父母常过于保护小孩，但在成长过程中，家长应该要让他们从小就有机会多尝试。我在加拿大学习到的思考是“为什么不？”他们认为，不管孩子想做什么，只要是正当的，为什么不让他做？

受此观念影响，我很愿意让孩子在陌生环境中自我挑战。父母要支持孩子去面对挑战，鼓励孩子思考，寻找解决方案。

TIPS 2 助孩子一臂之力，完成梦想

请别轻易忽视孩子的童言童语。父母要打开心胸，接纳孩子的兴趣，成为他梦想的协助者，培养他的天赋，同时也开放他的视野。当孩子拥有想要完成的梦想，在他们摸索与实践的过程中，父母要协助子女，规划通往梦想的途径。

TIPS 3 成就孩子的快乐，而不是父母的面子

请摆脱世俗僵化的评断价值，也不要把自己无法完成的梦想与期待加诸在孩子身上。要想的是成就孩子的快乐,而不是父母的面子。

孩子的人生是一张空白的画布，真正有权利在画布上挥笔的，只有孩子自己。父母要做的是提供作画时的养分，陪伴孩子挥洒出自己的梦想。

TIPS 4 孩子的竞争力从家庭教育做起

很多人忧心孩子的竞争力，这要从家庭教育做起，父母不能再推说工作太忙，没太多时间花在教养孩子上。工作与教养一样重要，父母要想办法找到平衡。全球化的世界，父母要思考的是如何培养出能在全球舞台生存的孩子。生活能力、适应能力及语言沟通能力，是让孩子能在全球舞台具备生存力的三大利器。

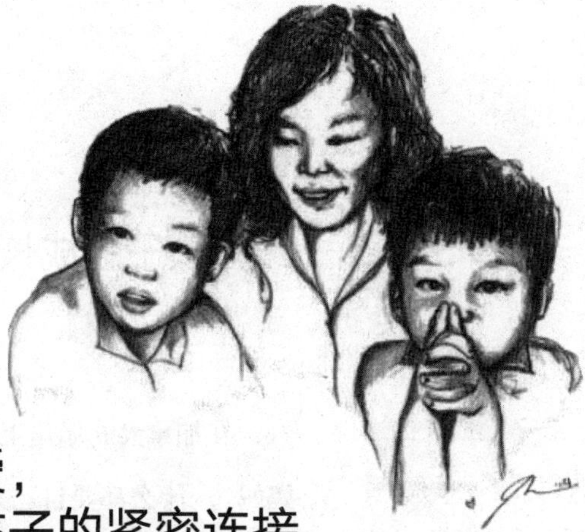

第 4 章

信任与爱，创造与孩子的紧密连接

爱，是幸福的精髓；信任，是关系的基础。经营幸福家庭的秘诀就是持续创造成员之间爱的联结与信任感。

亲密感要从小养成习惯，父母每天要花点心思经营与孩子的亲密时间，夫妻之间在教养上更要方向一致，才能带领孩子大步往前走。同时也要让孩子们从小认识到，人生道路上，他们要相亲相爱，互相支持。

长大后，父母与孩子的亲密关系要能维持，就是放下掌控欲，让下一代有自己的生活空间，做他们的好朋友。

跟上孩子的成长速度

孩子们成长的速度快得惊人，我也努力跟上，陪伴他们的同时我自己也展开了个人成长与学习的“留学”生活。

在加拿大的那几年，我成了半个“单亲妈妈”，什么都要自己来。在一切步入正轨之前，我只能在离家较近的教堂学习英文。

课堂上发生过不少趣事，像是老师教我们手指的英文是“finger”，顺口问大家脚趾头怎么说？有人很快就举手回答：“老师，我知道，叫 feet finger!”老师大笑，然后告诉我们正确答案是“toe”。

由于班上同学大部分是打发时间的台湾地区或香港地区移民，老师只教些简单的生活用语，进步有限，很快我会发现自己已经无法跟上孩子的成长速度。

季衡第一次要开家长会时，拿通知单回来给我，我告诉他我会去。

“妈妈，你真的会去吗？”季衡反常地问我。

“是啊！你在‘台湾’的家长会，哪次我没到？”我从怀老大开始就当起全职妈妈，等到他们都满 20 岁后，才重回职场，到先生公司帮忙。

但是季衡竟然连续问我三次是否真的要去，这让我有点火大了，觉得这小子到底怎么了，干吗问这么多次？我耐着性子问他：“我又不是第一次参加你的家长会，你为什么这么担心？有什么原因吗？”

“我不能讲，讲出来你会生气。”在我向他保证过后，他终于肯说出实话。他说：“妈妈，你去也没用，因为你也听不懂英文。”

“妈妈会想办法去弄懂老师讲的。”

听到大儿子的回答，其我心里很难过，觉得很对不起他们，自己的语言能力还没过关，就把孩子带到温哥华，无法尽到做妈妈的责任。所以，第一次参加时，我特地请家教穆里尔陪同。

后来我才知道，学校很贴心地为移民家长设置了类似“小天使”的制度，在家长会之前，可以申请语言翻译协助，比如你讲中文，就可以找高年级的“台湾”生坐在旁边帮忙翻译。

家长会的语言问题就这样解决了，但我还是暗下决心要努力把英文学好。

认真执行语言学习目标

等到孩子们适应学校，生活也渐渐走上正轨，我才去报名参加社区大学的语言课程。

这是专门为移民者开设的课程，按程度分级上课，每个级别首次上课免费,因此报名常是大排长龙。除了中国之外,还有印度、泰国、越南等国家的人,什么人种都有,让我见识到加拿大真是一个多元种族聚集的国家。

我订下学习目标,下定决心每个级别都要一次通过测验。那时没有翻译机,我仅靠一本字典苦读。每天忙完照顾孩子与家事后,就是我做功课的时间。初期读一篇文章,常常查字典到凌晨1、2点,一个英文单词又有很多种意思,有时甚至会让我挫折到边查字典边掉泪。

每次载两兄弟回家时,他们俩在车上聊天,一开始会讲中文,但讲到不想让我知道的事,就换成英文。渐渐地,我从半猜到全懂,有次他们又用英文讲自己做的顽皮事,下车前,我用中文回应他们的英文对话。两人立刻吃惊地大叫:“糟糕!妈妈的英文现在变厉害了,我们再也不能乱讲话了!”

孩子学习的速度一定比父母快很多。当我们将孩子带到不同世界,父母自己也要跟上那个世界的步调,这样两代人才能共同站到更高的视野高度上。

英文变好只是第一阶段。孩子们成长的速度快得惊人,我也努力跟上,陪伴他们的同时,我的留学生活也没白过,可以说这是一场个人的成长与学习之旅。

刚开始前半年,我怕迷路,只敢照房屋中介画给我的地图路线开车。从家里到学校、超市、银行等生活圈必须去的几个地点,我用笔记本记下来,每次开车都是先翻开笔记本,照着路线走,每天只求平平安安把孩子送到学校,再从学校平安接他们回家。

后来，英文变好了，胆子自然变大，我丢掉笔记本，照自己的方式开车，结果发现从家里到银行的路线，照中介给我的路线，要 4 个左转、2 个右转才会到，现在只要直走右转就到了。

才去一年，朋友托我照顾一位准备移民到加拿大的朋友，虽然很多事自己都还在摸索，但将心比心，我便一口答应。我带着他们一家人，从接机到办理当地的各种证件与手续，到安排、带路、认识环境一手包办。付出的最大受益者是自己，通过帮助别人的过程，自己也因而成长许多。

终于会用英文争取自身权利

我曾问家教兼好友穆里尔，我的英文需要进步到哪种程度，才算是运用自如？她回答我："当你有一天可以用英文据理力争，表示你已经融入了；如果能再进步到睡觉做梦时也用英文，那就更了不起了。"

出国前，我的生活很简单，只负责把家庭成员照顾好。

在"台湾"时，每个月的固定开销，譬如家用支出、孩子学杂费、孝敬父母的零用钱等，先生会在月初交给我，如果他要出差多天，出门前，一定会再确认我身边的钱是否够用。

到了加拿大，他帮我办了信用卡副卡，我以为每月会自动扣款，因此没养成留意账单的习惯，一年半载下来，账单堆积了不少，而且也因此阴错阳差，孩子的学费账单被隐没其中。

开学后，先生问及学费是否未交，我才猛然想起漏交学费，赶紧到孩子学校补交。

补交学费得加罚金，我也照校务人员给的补缴单金额开了支票。递给他之后，我勇敢说出心里的疑问。

“请问，如果家长忘记交学费，学校是不是有责任催缴？”

对方回答是，学校会先寄出催缴通知，若再不交，才会加罚金。

“不好意思！我知道是我们忘了交学费，可是，我们没收到催缴通知，可否麻烦你们查查通知纪录。”我先向校方道歉，因为延迟缴款的确是有错在先。

校务人员请我稍等，立刻查阅计算机催缴学费的纪录，结果真的是学校遗漏了，没有寄出催缴通知。校务人员返还支票，请我重新开一张只有学费的支票。

我最开心的不是可以拿回罚款，而是这象征着我已经融入当地社会。回家后，我迫不及待打电话给穆里尔，跟她说今天的新突破。当天晚餐，我也跟孩子们分享了这次经验。“晚交学费是错误的行为，道歉是基本礼貌；如果发生要被罚款的状况，要是我们有理由站得住脚，也不要放弃去争取自己的权利。”

两年前我是只会打理家庭的家庭主妇，到加拿大生活后我发现了另一个独立自主的自己，也没有因语言、生活等的隔阂与孩子们变得疏远。说实话，这样的蜕变，挺令人欢喜的，至少我的“留学”生活没有白过。

穿越时差的情书

良好的夫妻关系也是创造幸福教养的重要环节，随着孩子的成长，夫妻情感也要滋长。

在移民的过程中，除了需要适应文化思维的不同，另一个大家常忽略的问题是，相隔两地的夫妻，在孩子的教养观念上更需要同步。

虽然先生希望不要逼孩子念书，但我的看法是，学习要按部就班，到何种阶段，该学会什么，就要完成。不然等时间过去，自己的意愿与周遭环境都已改变，很难再有相同的学习条件，所以我很重视培养孩子的学习态度与精神。在他们很小的时候，我就告诉他们，妈妈开放所有的机会给你们，但你们要遵守“游戏规则”。

但是，即使孩子从小就知道妈妈的底线是什么，有时他们难免还是会想要挑战规定。这时，父母两人态度要一致，定好弹性范围，哪些是可以再跨越一点，哪些是绝对不可以越界的，如果没有拿捏好，将来父母会一步步沦陷，最后孩子就会变得难以管教。

三票听我这“一票”

那时很流行任天堂（日本最著名游戏开发公司，超级玛丽等游戏都是由任天堂开发的）游戏卡带，但我会定下玩电动的条件，比如若没做到该做的事，就不能玩电动以及买新卡带。因此，他们两兄弟很期待爸爸来温哥华，至少爸爸的“规定”比较少。而且，先生每一回来都会带新东西给他们。

有一次，他们两人想要一款游戏卡带，我不肯买给他们，季刚跟哥哥说:“没关系，爸爸要来了，我们告诉他，他一定会买给我们。”两人就这样盼啊盼，盼到爸爸来，一看到他，迫不及待提出要求。

“你们问过妈妈了吗？”先生问。

“有啊！妈妈不肯。”季刚回答。

“这样啊，我跟妈妈商量后，再告诉你们。”先生没有马上答应孩子的请求。

听到爸爸的答案，季刚失望地说:“爸爸，你不用问了啦，妈妈的答案一定是不行。”

由于当时我是孩子的主要陪伴者，先生就当背后支柱，一路支持我的教养方法，就算有时觉得我太过严格，在孩子面前也是跟我站在同一阵线，不会唱反调。我必须要感谢先生，我们在国外生活十多年，他无怨无悔支持我的教养理念。

父母就像载着孩子前进的双头马车，若是方向一致，这辆就会是载着灰姑娘圆梦的马车。反之，若是一头向左走，一头向右转，孩子不但无所适从，以致教养无法收其效，还会从中间的空隙溜过去，见哪边轻松，就走哪边，或是游移两方，养成钻漏洞、取巧的坏习惯。

先生要回台北那晚，季刚忍不住嘟囔："爸爸，我觉得很奇怪，为什么所有事都要问过妈妈？我们家有 4 个人，可是 3 个男生都要怕 1 个女生，实在太逊了！"

孩子有这样的疑问很正常，但是我们需要知道夫妻本就来自不同家庭，成长背景与价值观的差异，常是无法贯彻教养的关键。当夫妻两人对于教养的想法不尽相同时，要分得很清楚，谁是主导者。通常，陪伴孩子时间多的那一方会是主导者，但主导者也要聆听另一半的意见，学会彼此尊重。

写信维系夫妻情感

除了孩子的教育，分隔两地的夫妻感情如何维系，也是很重要的课题。这不仅是女人要担心的问题，男人也不例外。我在加拿大也曾看见过爸爸带孩子到加拿大念书，妈妈留在"台湾"工作，最后因一方外遇，夫妻离异的实例。

为了获得公民资格与陪伴孩子，我在加拿大待了七八年之后才回中国台湾，每年往返中国台湾、美国两地，照顾两兄弟与先生。

当时，加拿大政府对于移民的规定是，16 岁以下的孩子可随父母一起成为公民。由于要赶在两兄弟满 16 岁前拿到公民资格，整整 4 年时间，我为了凑足居留天数，几乎都待在温哥华，与先生只能靠着写信维系夫妻感情，抒发想念。

初期的想念，是因这辈子第一次与先生分隔那么远，没有他的陪伴而感到孤独和不习惯，而对未知挑战也让我非常惶恐。要不是为了两个孩子，我实在不愿只身待在国外。

白天忙着操持家务、接送孩子，时间过得很快，但一到夜深人静之际，便会想起在“台湾”的先生，不知他有没有按时吃饭？衣物有无送洗？睡眠时间是否足够？我们两人从高中就认识，爱情长跑 10 多年，可能比对方家人还熟悉彼此。

婆婆育有 9 个孩子，先生是家中老么，但这个小儿子不爱念书，整天待在云林乡下，婆婆便把他送到住在斗六的二女儿家。先生跟姐姐的大女儿只差 3 岁，等于是跟着侄女一起成长。

姐姐（吴乌缎）与姐夫（杨锡奎）很重视先生的课业，姐夫甚至盯着他写字，我先生因而写了一手工整的好字。我跟他是高中同班同学，当时因为父亲工作关系，举家迁至斗六，由于我念的是丙组，只有几位女生，无法独立成一班，于是被并入男生班里就读。

开学第一天，我就发现他是个很有想法的人。我们教室外种了一排树，导致室内光线不足，他便在上课时举手跟老师反应，外头那排树应该移植到别处才对。在我们那个年代，老师是权威的象征，很少有学生敢于发表意见。我因而特别看了他一眼，也记住这位高瘦的“七号”同学（他当年的座号）。七号也变成我们夫妻共同认定的幸运数字。

不过，当年谈恋爱只能偷偷来，父母认为学生的本分就是念书。有一次，他骑自行车载我回家，途中，我远远看到我爸爸往我们这个方向过来，吓得赶紧跳车。后来，我考上台南家专家政系，他考上台中中兴大学，两人往来的书信，全都是寄到我姐姐的公司或是别人家，再转手给我们。

我曾探过妈妈的口风，想让这段感情台面化。当她一知道对方是农村家庭，觉得女儿以后会吃苦，表示不赞同，甚至还要帮我介绍其他男朋友。因为在那个年代，父母喜欢女儿嫁给“四大师”——医师、建筑师、律师、会计师。直至我姐姐生了双胞胎，在父母有孙万事足的欢喜心情下，我要他来医院探访姐姐，父母才答应让我们来往，这时我们已经认识 10 多年了。

从情书到家书

公开恋情到结婚后，我们再也没有机会写信，直到我陪孩子移民到加拿大，我们又开始恢复通信的习惯，一是那时只有滚筒式传真机，墨水会随时间变淡、消失，无法保存；二是传真没有隐私，被孩子看到不免难为情。

两人重拾笔触更有感觉，书信的角色从恋爱的情书，变成故乡捎来的“家书”，这也是每星期我最期待的一件事。我把每封信都保存在一个大大的铁盒子里，每次想念先生时，便拿出来读一读，有种时差与距离因家书而拉近的感觉。身处两地的四、五年间，我们靠着纸笔维持感情，并以此沟通彼此的信念。夫妻同住一个屋檐下就需要沟通，更何况我们一人在加拿大，一人在“台湾”，都有各自的生活圈。先生在商场上的朋友愈来愈多，我在温哥华也交到不少当地朋友，随着两人所见所闻，各自会有新想法与观点，更需要分享与沟通。

拿到公民资格后，家教老师告诉我，如果能在加拿大专心再念两年英文，英文程度就能达到理想水平。老实说，我很享受在加拿大的生活，但仔细思考，和先生分隔两地这么久，感情能够如昔，除了靠我们勤劳的写信经营之外，还带有一些运气。仔细思量后，我决定回“台湾”。

但刚回“台湾”时，我又感到很不习惯，因为觉得“台北的家”好像不再需要我了！我出国前，先生的生活大小事都是我打理，回国后，我发觉先生在这几年中变得独立自主：自己打包出差行李，料理三餐也不是问题，俨然像一个自在的单身汉。因此从各自独立生活，再进入两人生活，我们着实还适应了好一阵子。

重回职场

从温哥华回来后，我的生活方式也跟出国前不一样了。当时先生要发展医学美容事业，他心想员工都是女生，需要一个女主管，股东提议，不如请我协助。

从怀老大开始，我就专心担任家庭主妇的角色，但既然先生需要我帮忙，我就尽力去做。就这样，我从贤内助延伸为事业伙伴。付出的人最有福，我也从中学到许多。在加拿大学的英文，以及看过的那些音乐、歌剧表演，也为我的社交能力加了分，凡是商场上的社交、招待国外客户等，我能天南地北谈话。季刚成名后，我常被邀请去演讲，很多客户、朋友遇到孩子教养问题，也会与我讨论。

我曾与先生讨论，做到65岁就退休。不过，这个计划可能得往后延了。先生一直有个“从产地到餐桌”——经营有机、无毒食品餐厅的梦想。2012 年，先生与季衡创立“良食究好”品牌餐厅，他看来看去，身边周遭就数我最懂料理，便再度指派经营品牌餐厅的重责大任给我。我的生活变得更加忙碌，几乎整天都待在餐厅里。

尽管，离我们退休、游山玩水的目标好似越来越远，但年过 60 的我们还能一起追梦，也算是一件好事。转念一想，人愈动，才会愈有活力，等到 70 岁，体力无法负荷，不就自然退休了！

我们最大资产是写给彼此的信，我把这些信装在 2 个大盒子里，想等两人老到无法到处走动后，再来把这一封封书信拿出来重温。

10 年前，我们家重新装潢，其中一个盒子不小心被打翻，里头的信件、我们在学校传的纸条，还有学生时代的照片散落一地。季衡看到，随手捡了一封信念起来，念完后，他说：“爸爸，你以前好肉麻啊！”

他爸爸听完，也回儿子一句：“现在叫我写，也写不出来了！”

我不禁莞尔一笑，是啊！也就是因为这样，回忆才会被形容为“珍贵”。

新时代妈妈要好好爱自己

很多女性跟我一样，为了孩子的教育走入家庭，全心陪伴孩子成长。但是等孩子上了大学后，却不知自己该做什么？其实，生命有很多可能性，女人要信任自己，就像相信孩子有无限潜能一样。

像我的人生在 50 岁前是家庭主妇，50 多岁后，才学习成为职场主管。我觉得，人永远要保持一颗对世界好奇，并且愿意勇敢尝试，走出舒适圈的心，这样的妈妈才能成为家庭里那股爱的流动力量。

对身边的人来说，我们每个人都是一份礼物，帮助彼此成为真正的自己。而成为自己就是成为爱的源泉，包括全心爱自己，随时滋养、照顾自己，不是老把自己摆在最后一位。

如果知道自己就是爱的源泉，就会明白无条件的爱是信任。信任，也表示知道如何能够放松自己在爱里悠游，这是世上最美好的事。

因为你是家人

每个人在家里都会有情绪，情绪发生时，当下的他可能会有反常表现。要体谅家人的情绪，不要太在意，多想家人平日的好。

我曾在网络上看到一段话，大意是我们通常对愈亲近的人，苛责愈多，要求愈多，如果我们能够把对外人的态度用在亲近的人身上，一切争端就不会发生。

如果要让一对夫妻吵架，最简单的方式，就是让先生教太太开车，两人一定吵架。为什么？爱之深，责之切。先生担心太太的安危，怕她撞到，忍不住斥责。同样的，太太看到先生开车太快，也会制止，出发点都是因为关心。

我跟先生出去时，若不是他在某些特殊情况下（比如应酬喝了酒）拜托我开车，我一定不会主动上驾驶座。如果他没问我路该怎么走，我也不会多说，省得两人吵架。

人的一生都离不开“家”这个课题。从出生开始的原生家庭，不管是否完整，那都是你的家。也只有在家人面前，人最能放松自己。

我跟先生常有很多事需要沟通，当我们立场不同，在找他讨论之前，我会察言观色。如果他今天有会议或行程很满，我一定等到他下班回家后，休息、放松时，再慢条斯理阐述我的想法。

处理情绪不要穷追猛打

有一次，我们参加客户小孩的婚礼，席间，先生多喝了两杯，整个人醉醺醺地回家。一路上，他不断对我讲：“哎呀！如果儿子没有我，就没有今天的成就。”

隔天一早，先生酒醒后，我们边吃早餐，边聊孩子的事。

“妈妈，如果没有你，孩子也没法子走到今天。”先生认真对我说。

我哑然失笑，假装生气地说：“爸爸，怎么搞的？你今天变了，昨晚你可是说如果没有你，儿子不会有今天。”

“有吗？我真的那么说过吗？”他搔搔头，不记得自己说过这句话。

“有！你还讲了好几次，可惜我昨晚没录音。”我定定看着他，虽然明知那是醉话，但回想起来我还是有丝丝不舒坦。

“这样子啊！我一定不是故意的，是妈妈把孩子教得好！”先生露出笑容。见他如此，我也就此打住，把不快留给昨天，转换到另一个聊天话题。那天，我们照常度过了一个愉快的早餐时光。

面对情绪，适时打住是很好的处理方式。如果我继续争论下去，结果会如何？可能我会最后获胜。我虽化解了昨晚的情绪，但却伤了家人的和气。如果我的口气咄咄逼人，还可能会让对方不悦，引起另一波负面情绪，这又何必呢？经营家庭要以爱为心，用智慧为本。

每个人在家里都会有情绪，可能是你，也可能是对方。当情绪发生的当下，可能会有反常表现，用同理心体谅家人，多想家人平日的好。

季刚突然走红后，因一些心事躲了起来，一连好几天我们都不知道他去哪儿了，后来是哥哥率先找到他，季刚跟哥哥讲了一堆事，以及抱怨一些不适应的情况。季衡当天回家，跟我们聊天时，终于说了自己的感觉。

“我觉得弟弟变得有点傲慢。”他转述弟弟讲了哪些觉得自己很棒的话。

听完，我们跟季衡说：“你要知道这些话他只能对你讲，因为你是他的家人！”在家人面前，我们可以不顾形象，尤其是公众人物，也只有回到家后，才能彻底做回自己。

隔一阵子，两兄弟再通电话。

季刚告诉季衡：“亲爱的哥哥，我只能对你骄傲一下，不然我还能对谁骄傲？那阵子我每天要接受很多访问，要见很多从没见过的人，没有一刻能够得闲，逼得我没法子放松。如果在你面前，还得戴上礼貌的面具，我要怎么过生活？”

也因为对家人坦诚相待，在外人面前不会说的话，不会做的事，都会毫无顾忌的展现出来，所以，家人往往可以看到最真实的你，但你可能因此变得比较鲁莽、疏忽礼节，失了分寸。所以，我对网络上的那段话特别有感触，也尽可能提醒自己与孩子，把对外人的态度用在亲近的家人身上，并加上“请、谢谢、对不起”等用语，与父母、手足之间的感情也会更好。

多了一个家人

2010 年，我们家庭多了一位成员，她是我的儿媳妇筱惠。我跟先生很早就跟孩子沟通好，等他们成家后，不要住在一起，上一代与下一代各自留有生活空间。我认为，住得近，反而很难亲密，因为容易产生摩擦。

季衡结婚后，住在离我们家约 15 分钟车程的地方，而非住在我们视线所及或是走路几分钟就能到达之处。我认为这是最完美的相处方式。

如果小夫妻跟我们住在隔壁或对面，我们多少还是会看到年轻人的生活作息，两代人的许多争执点可能由此而生。像年轻人周末时喜欢睡到自然醒，老人家可能会希望他们能早起吃早餐，或是他们找朋友回家，聊天到半夜，就算住在隔壁，做父母的难免会叮咛不要玩太晚、太吵。

我们跟筱惠这对小夫妻的相处方式，是约好定期聚餐的时间。虽然他们两人都在公司帮忙，但 4 人都有各自的工作，能聚在一起坐下来好好吃饭的次数真的不多，加上年轻人也有自己的朋友圈，有时真的不容易抽出时间。

这样有点远又不太远，有点近又不太近的距离，足以创造刚刚好的亲密关系。对待下一代不要有太多要求，不要认为孩子应该听从你的教导，因为每一代都有自己的价值观。

就像我与母亲的价值观也不相同。在我母亲那一代还是“养儿防老”的观念，到了我这一代，我不会要求孩子将来要养我们，只希望他们能够自给自足，我们也不要变成儿女的负担。

我常被问到，如何做一位好妈妈？我的回答是不唠叨的妈妈就是好妈妈。不过，很难有妈妈不会唠叨，我不敢说自己能够百分之百做到，但我会随时提醒自己，做孩子的朋友，用谈心取代叨念。

有一次，我朋友看到季衡跟我的互动，羡慕地说：“真好！你儿子到现在还会主动拥抱你。”她问我，孩子大了后，与父母愈来愈生疏，要如何增进亲子间的亲密感？

亲密感要从小培养，父母每天要花点心思经营与孩子的亲密时间。长大后，父母与孩子的亲密关系要能维持，就是放下掌控欲，让下一代有自己的生活空间，做他们的好朋友。

当他们认同你是妈妈，同时也是可以交心的朋友，你与孩子怎会不亲密一辈子呢？

爱的控球后卫

生活礼节与人情世故从小就要让孩子知道、学习，很多小地方，不做不会怎么样，但是一个一个小细节累积起来，对于孩子的人格特质就有很大的影响。

从以前到现在，我总是把自己当成家庭的控球后卫。

季衡和季刚两人长年在国外念书，就算在美国，两兄弟也不在同一州。后来，季衡到日本念 MBA，季刚在美国，我跟先生又在台北，一家四口分隔三地，一年相聚的日子屈指可数，所以我养成一个习惯，每逢生日、节日，我都会打电话提醒他们。

像季衡过生日时，我会一早跟先生说，并打电话给弟弟：“今天是哥哥生日你记得要跟他说生日快乐哦！”提醒后他之后，我还会盯进度，确认他打了没，以防一忙又忘了。遇到季刚生日，我同样也会叮嘱哥哥和先生打电话。

如果是先生生日或是父亲节，我也会分别打给两个孩子，要他们在几点前打电话给先生，送上儿子的祝福。

经营家庭的秘诀，是创造成员之间的联结关系，尤其是孩子出社会后，每个人都忙于工作，如果没有人刻意经营，久了大家很容易就会疏于联络。

创造家族间的联结

季衡结婚后的第一个春节，我们全家到国外度假。第二年，我跟小两口商量，邀请家族成员到他们新家过年。

“平日你们工作忙，没时间请奶奶、舅舅、阿姨到家里做客，今年过年围炉改办在你们家好不好？我请每人带两道菜，你们只要准备水果、点心就好了。”

“但是，新家餐桌坐不下这么多人啊！”季衡说。以往的家族围炉（在“台湾”和闽南一带，大年夜全家大小，围坐在放有火锅的圆桌上一起聚餐，叫做“围炉”）都是在我们家，他觉得父母家的地方大，也有大桌子，比较舒适。

“沙发也可以坐人啊！贵在诚意，不在于舒适，”我告诉他们，一个家族能有全员聚在一起的机会要珍惜，“长辈年纪渐长，或许哪天就少了一个人，对不对？”我会提出到大儿子家围炉的建议，一是因为这些长辈尚未去过季衡的新家，如果由他们主动开口邀约，能显示出晚辈的诚意与对长辈的尊重，大家也会对刚进入大家庭的媳妇留下好印象；二是希望他们为人大气，家族的每一代都要有能主动联络大家感情的人存在，这样下一代才会互有往来。

那年的年夜饭，过得非常温馨，媳妇也小露身手，做了日本料理，全家族热情欢迎这位美丽的新成员。

现代社会，许多人和亲戚、朋友间的关系，很容易在忙碌生活之余变得愈来愈淡。一个家庭很需要有人像篮球队的控球后卫那样传球助攻。关心问候、定期聚会绝对不可少，这样才能增强家族的凝聚力。

身教重于言教，你想要孩子成为什么样，就要先做给他们看。如果希望子女日后孝顺，自己就要是一个孝顺父母的人。

小时候，季刚看我每个月都会拿个信封袋给外婆。他比较懂事后，知道信封袋里装的是我们孝敬母亲的生活费。有一次，我请季刚帮我拿给外婆，他突然问我："妈妈，这里头有多少钱？"

我回问他为何想知道，"因为这样我才知道，以后我要给你多少钱啊！"季刚认真地回答。

我认为，生活礼节与人情世故从小就要让孩子知道、学习，很多小地方，不做不会怎么样，但是一个一个小细节累积起来，对于孩子的人格特质就有很大的影响。

以前，两个孩子每次从国外回台北，出了机场，一上车，我会请他们打电话给外婆、阿姨等长辈，说一声："我们回来了！"离开时，我也会要他们打电话跟长辈们说："我们要走了！"

青春期时，他们觉得烦，有几次不想打，我还是会硬逼着他们打，或是按好号码，递到孩子耳边．我也曾拖着百般不愿的他们，出席一定要参加的家族聚餐，因为这是礼貌。

在我的观念里，不喜欢孩子染头发与穿耳洞。季衡比较听话，但季刚到美国念书后开始染头发，初期是单色，后来居然有红的、绿的、金黄等颜色。有一次他回“台湾”，我在机场看到他时差点晕倒，因为他把头发染成像松饼一样，每格都是不同颜色。

我气得载他直奔理发店，要他染回原来的发色。孩子当然不肯，抗议说：“这颜色花了我好几周的薪水耶！还要坐很久，才有这样的效果。”

我坚持他一定得变回“正常”发色，因为隔天就要跟外婆、阿姨吃饭。“你要想想长辈们的观感，难道要让他们觉得你到国外去，就变了一个人吗？他们是无法接受这么多颜色的头发的。”季刚虽然很生气，在我的坚持下，只好乖乖照做。

人格教育是一点一滴养成，如果从小让他们马马虎虎，长大再要求他们为人处世要得体不失礼，会难许多。

顺带一提，头发战争在他大学开始工作后画下句点，因为忙到没时间打理，他干脆理了超短的板寸头。我第一次看到时又吓了一跳，问他：“这一点都不像我们弟弟了！你不玩头发啦？”

他回答：“不玩啦！都玩过了！浪费时间又浪费钱。”

经营公平的爱

手足之间的感情也需要靠父母平日的经营，尤其不要比较孩子们的成绩、成就，即使只是在心中暗暗比较，就不是真正的爱。

家里有两个孩子以上的父母，常会碰到一个问题，手心手背都是肉，要如何公平？所谓的公平，不是把你对孩子的爱分成几等份，而是要每人均分，你要如何让每个孩子都能感受到父母完全的爱，至少要让他觉得父母没有偏心谁。

其中一个重点是，不要比较孩子们的成就，尤其若有一个表现特别好时。很多时候，并不是因为孩子肚量不够大，而是因为父母的反应，让他们心里不是滋味，日积月累下来，就会产生嫌隙。

在季衡与季刚的成长过程中，大半时间是哥哥比较占优势。季衡从小就是资优生，文武双全，学业或球类比赛都难不倒他，掌声几乎都在他身上。

由于他们两人从小的表现就不同，我会特别注意，不要让孩子觉得父母有“分别心”。从两兄弟很小开始，我就让他们理解到两人要兄友弟恭，“哥哥要爱弟弟，弟弟要尊重哥哥哦！”这些话我会经常重复，久了他们就会当一回事。建立他们的观念后，父母也要做到公平对待。

用行动表示公平

比如，我帮哥哥买保险，虽然弟弟长住国外，我一样也帮他买。我帮哥哥存钱，也会帮弟弟存进相同金额。季刚知道后跟我说：“妈妈，你应该把存的钱都给哥哥，我很少在‘台湾’，哥哥照顾你们的时间最多。”我听了很感动。

季刚成名后，各方焦点都在他身上。当时我特地告诉季刚，请他打电话谢谢哥哥。因为哥哥的成长过程、学习态度和课业成绩等，从来都不太需要我们操心，我们才能将心力放在他身上，给他足够的资源，成就他的天赋。

当时，我也有点担心哥哥的心情，怕他会有失落感，也竭力不要让季衡有一种父母眼里只有弟弟的感觉。我会通过各种机会，让季衡感受到我们也以他为傲，出国也会特地为他与媳妇精心挑选礼物，以行动表示我们的爱。

其实，季衡在工作上很努力。他研究生尚未毕业时，就有很多跨国企业的工作机会找上门，但是，他决定回“台湾”，协助公司转型。

他刚回来时，闽南语不太顺溜，南部客户都是讲闽南语，由于在国外念书多年，也不太了解本地的人情世故与处事思维，一开始适应得有些辛苦。而在外头，他不是被称为吴昆民的儿子，就是吴季刚的哥哥，有一段时间，他有点懊恼自己好像是没有名字的人。

我安慰他："只要你肯努力，获得别人的肯定后，就不会这样了！弟弟也不住在这里，新闻不会每天出现。"

还好，他自己调整得很好，在工作上证明自己的实力，也建立自己的商业人脉。不少业内老板不约而同对先生称赞大儿子，还有大陆的同行想邀请季衡去大陆。先生不只一次开心地提及，这些大陆大老板很羡慕他有个能力出色、工作态度认真的好儿子。

当然，这些外界的赞美之语，我们也会转达给季衡。

手足是人生支持的力量

最近几年，我开始跟两兄弟聊父母百年后的事。"爸爸、妈妈总有一天都会不在，到时只有你们两人，你们更要彼此相亲相爱，互相扶持。"

几年前，我曾试探性问季刚何时会想结婚？他想也不想，立即回答："妈妈，我现在全部心思都在品牌事业上，35 岁前公司没成功，别的都不用谈。"我不知季刚将来是否会结婚，但我曾跟季衡聊起，如果弟弟最后选择单身，要他用心照顾弟弟。

两兄弟的感情如昔，甚至因为媳妇的加入，反而三人更有话聊。媳妇是天生的衣架子，季刚只要觉得有适合嫂嫂的新品款式，就会帮她留一件，从国外寄回"台湾"。

每年，两兄弟相约在国外度假，喜欢料理的季刚还会负责做饭给哥哥、嫂嫂吃。有不少巨星粉墨登台会请季刚设计服装，只要有机会，他也会邀请哥哥、嫂嫂到国外看秀展。有一年，他们三人到拉斯维加斯看席琳·迪翁的演唱会，回来后，季衡开心地跟我们分享与席琳·迪翁互动的事。

季衡后来提起，季刚刚进帕森设计学院的第一年，放假时，他开车到纽约看弟弟，两人曾讨论未来想做的事。那时，季刚明确地跟哥哥说，毕业后会留在纽约，自创品牌，也因为如此，季衡当时做了回亚洲发展的决定，因为离我们比较近。

我每回听到手足失和的家庭故事，都会感叹可惜！每个人在世上，除了父母之外，与自己最亲的莫过于手足。当然，随着人生阶段、际遇的不同，人可能会改变，但无论物换星移，如果手足的感情能够像陈年老酒般愈来愈香醇，那将会是人生中最宝贵的事。

要做到如此，父母除了从小就要费心教导手足友爱的重要性外，手足之间的感情也需要靠父母平日的经营，尤其不要比较孩子们的成绩、成就，即使只是心中暗暗比较，就不是真正的爱，因为这时的心正在批判、衡量。

或许，你无法为孩子创造成功的机会，有一点却是任何父母都有能力做到的，那就是帮孩子营造温暖的手足之情。大部分父母无法陪伴孩子走完一生，但可以用心经营家庭的凝聚力，让亲人的爱源源不绝，成为后盾，支持他们在人生的道路上前进。

"创造与孩子的紧密联结"思维

信任与爱是关键

TIPS 1 夫妻在孩子面前要统一阵线

夫妻成长背景与价值观的差异，常是无法贯彻教养的关键。父母就像载着孩子前进的双头马车，若是方向一致，这辆就会是载着灰姑娘拉圆梦的马车，反之，若一头向左走，一头向右转，孩子不但会无所适从，还会从中间的空隙溜过去，见哪边轻松，就走哪边，或是游移两方，养成钻漏洞、取巧的坏习惯。

TIPS 2 新时代妈妈要好好爱自己

很多女性为了孩子的教育走入家庭，全心陪伴孩子成长。但是等孩子上了大学后，却不知自己该做什么？其实，生命有很多的可能性，女人要信任自己，就像相信孩子有无限潜能一样。

人永远要保持一颗对世界好奇，并且愿意勇敢尝试、走出舒适圈的心，这样的妈妈才能成为家庭里那股爱的流动力量。

TIPS 3 以身作则，成为家庭里爱的控球后卫

身教重于言教，你想要孩子成为什么样，就要先做给他们看。如果希望子女日后孝顺，自己就要是一个孝顺父母的人。一个家里需要有人像篮球队的控球后卫那样传球助攻。家人之间的关心问候、定期聚会绝对不可少，才能凝聚家族的亲和力。妈妈通常是最适合扮演这个角色的人。

TIPS 4 让手足之爱成为孩子的后盾

手心手背都是肉，所谓的公平，不是把你对孩子的爱分成几等份，而是要每人均分，你要如何让每个孩子都能感受到父母完全的爱，至少要让他觉得父母没有偏心谁。

其中一个重点是，不要比较孩子们的成就，尤其若有一个表现特别好时。或许你无法为孩子创造成功的机会，但绝对能帮孩子营造温暖的手足之情。

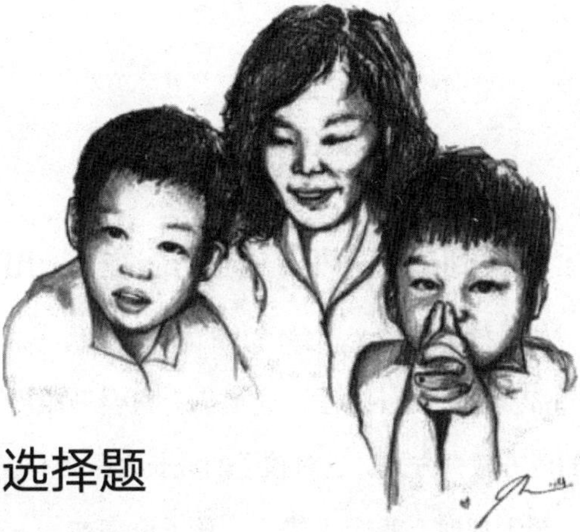

第 5 章 爱的是非选择题

到底是谁对？究竟谁有道理？

是父母跟不上新时代的脚步，还是孩子无法理解上个时代的人的苦心？

生了就要养，养了就要教，教养是一系列的生命故事，也是费心力的工程。从幼儿、青少年到成年人，启动教养工程是父母们一定会面临爱的是非选择题。教养没有一套全体适用的准则，但又可供参考的共通观念。

此部精选吴妈妈（陈美云）在各大演讲中，父母最常请教的教养问题。

Q：移民到底好不好？何时是送孩子出去的好时机？

如果孩子不适合“台湾”的教育环境，父母的经济能力也许可，可以带孩子到国外求学，让他们有机会开眼界，以及接受更开放思维的西方教育方式，这对孩子的成长之路是有正面帮助的。

至于何时，我个人建议，孩子读完初一、初二课程再出去是比较适当的年纪。此时孩子的中文已有一定程度，英文基础也够扎实，语言测验成绩高，较有机会申请到好的私立学校。

最完美的移民方式是全家一起去，但基本上，很少有家庭能够做到，退而求其次的选择是父母其中一人跟着前去，陪伴在孩子身边。

我在温哥华那几年，看到太多因没有父母陪伴，孩子出问题的例子。孩子寄宿别人家，或是父母隔一段时间才来看孩子，一次只住个几天，没有真正长期跟孩子相处。其中，最令我感到遗憾的是有位移民来温哥华念中学的孩子，一个人住在父母帮他买的房子里，妈妈两、三个月才来一次，结果这个孩子受不了孤独寂寞，郁郁寡欢，后来自杀。

听邻居转述，那孩子的遗书上写着：“回家后都只有我一个人，我真的好寂寞，希望妈妈把我葬在温哥华，这样同学也能来看我。”

若孩子还只是初中生，这样半大不小的年纪，让他独自在国外生活与求学，真的很危险。寄住亲戚或朋友家也不尽理想，因为别人很难帮你拿捏管教孩子的分寸与尺度。

Q：选择保姆，有没有什么建议？

现在很多是双薪家庭，无法自己带小孩，很多父母为了方便，往往是老大给谁带，老二就往那里送，虽然这样对父母来说接送比较方便，但有时两个孩子个性实在不太相同，给同一位保姆带不见得好。找保姆时，除了要考虑环境的安全、干净，保姆有爱心等，最重要的事是孩子的个性是否适合这样的保姆。

通常，老大的个性比较温顺乖巧，第一个孩子大部分是众人最期待的，祖父母也会特别宠。如果选择退休的军人、公务员、老师当保姆是不错的，她能够按部就班的教导孩子日常生活的规矩，如坐姿、吃饭等。

老二通常比较古灵精怪、有想法、活泼好动，因为人的生存本能会让他想办法让自己被大人看到，所以他要展现自己。如果也把老二送去这样一板一眼的保姆家，她的教法对孩子来说可能就会缺乏创意，保姆也会抱怨老二很难带。

所以父母千万不要怕麻烦，找保姆时也要注意是否适合孩子的个性。

Q：孩子功课需要人盯，我们每天轮流陪他做功课，这样对吗？

季衡的成绩很好，我从他幼儿园开始，每天都会陪他读书，孩子写完功课后，我还会检查，看到错误，再让他改正一遍。到了小学四年级，先生忍不住说话了，要我不要再陪读。先生说："你有没有想过，如果有一天你没有陪他，他会变成什么样子？"当时我舍不得，很怕孩子的成绩会从第一名、一百分掉下来。

先生劝我："掉下来就掉下来，难道你能陪他念一辈子吗？他应该自己学会，没人陪时要怎么样复习功课。"我听进先生的话，慢慢放手。一开始，季衡的成绩排名真的开始往下掉。由于他是自我要求高的小孩，看到成绩单很难过，我也忍住陪他读书的冲动，之后，果然如先生所言，孩子自己找到读书方法，成绩也回升到原有的水平。

我曾经是一位保护过度的母亲，以过来人的经验，我认为，陪孩子做功课要有底线，舍不得放手的结果，最终会让孩子无法张开自己的双手。如同先生所说，父母无法陪孩子念一辈子。就像教孩子学走路，初期牵着他的手，亦步亦趋，最后父母还是要放手，让他们靠自己的双脚，迈开人生的步伐。

Q：快乐是童年的权利，人情世故长大后再教就好。

我认为，人情世故从小就要教。现在孩子们长大了，从他们的许多行为可以看出，两兄弟比别人多懂了一些应对进退的礼貌。

有一年，我到日本与季刚会合，那时二十出头的他在娃娃界已红透半边天，常有世界巡回的"Joson Wu 娃娃粉丝见面会"。我到会场时吓了一跳，排队签名的粉丝从大门一路蜿蜒了好几圈，不知情的人可能会以为是哪位大明星的见面会呢。那时我真正感受到小儿子在娃娃界真的很红，也能想象他曾跟我形容，每次娃娃粉丝见面会，他的脸都快被老太太们亲烂的情景。

挖掘季刚的玩具公司老板上台感性致词："八九年前，我认识了一位年轻孩子，没想到，他会带给我这么大的荣耀！"令我最动容的是，即使大部分粉丝只认识季刚，也是专程为他前来，可是季刚签完名后，会再传给坐在一旁的公司老板，让他也签上自己的名字。这个简单的举动不但代表了尊重，也代表将荣耀与伙伴共享。

孩子从小就要雕琢，不雕就没有型，做事就会没有基本的尊重心态。我没有要求他们要凡事精准，但至少要中庸、得体，很多的"无所谓"累积起来，就会变成"随便"，那样的话做人做事要成功，就会相对困难。况且，等到孩子大了，父母再来要求，孩子可能会无所适从，甚至会产生逆反心理，心想为什么以前可以，现在不行？亲子之间也可能产生冲突。

既然为人处世是必修课，当我们叹息做人真难时，何不从小教孩子做人的基本道理？

Q：如何教出有气质的孩子？

孩子的气质好坏与家庭教养有很大的关系，气质是在耳濡目染下产生的。若不是特例，父母是孩子的第一个学习对象，如果我们没做好，孩子怎么会好？举例而言，你不想要孩子抽烟，如果父母其中有一位抽烟，你要如何说服孩子这是不好的行为？

从小，我就不让两个男孩子把洗手台弄得湿湿的，家里尽量保持整洁、干净；长大后，季刚的办公室也是一尘不染，他还会随时走进洗手间，看看有没有水渍，干不干净。大人是小孩的镜子，他们用感官记下父母的行为，储存在大脑中，同样也会做出相应的行为，父母的身教太重要了！

我观察到，很多父母为了想让孩子不吵闹，一上车就把手机或平板电脑拿给孩子，让他们玩游戏；还有些父母下班很累了，没有太多时间与耐心等孩子自己吃完饭，为了求快，最后常自己动手喂；或者经济能力好的父母，就请佣人带孩子，这些都会让父母失去亲子相处与身教的宝贵时机。身教与言教必须并重，如果没有身教，言教只会让孩子觉得你啰唆，成效也有限。我知道现代父母很辛苦，工作比以前的父母忙碌，生活压力也更大，不过，忙也有忙的做法，不能因为忙就不教，或是太宠孩子。

Q：青春期的孩子要特别读男校或女校吗？要如何了解孩子的交友状况呢？

很多事情不是避免就好，父母愈禁止，孩子就愈好奇。我建议，不要特别让孩子读女校或男校，就我的看法，男女合校比较好，因为青春期孩子对于两性之间会感到好奇是正常、自然的事。

常听到很多父母抱怨，孩子交到坏朋友。想清楚孩子的交友状况，如果可能，常欢迎孩子的朋友来家里做客。有很多妈妈怕麻烦，不喜欢孩子带同学到家里，我却希望孩子能把他的同学、朋友带回家，因为这样我可以观察他的交友类型。我还会主动与他们的朋友聊天，借此了解他们的家庭背景、个性特质。

如果你认识孩子的朋友，要真的碰到品性不好的损友，也能在一开始就引导孩子慢慢远离这位朋友，而不是等他们变成死党再来反对，孩子当然会反弹，会起争执。

Q：孩子在学校被欺负了，如何处理？

常从新闻里看到校园欺凌事件，若不幸碰上孩子在学校被欺负，要及早处理。

首先，我会了解事情的来龙去脉，并去学校跟老师道歉，因为这件事让老师多费心，同时也从老师口中知道实情。孩子说被同学欺负，不一定错在对方，大部分孩子会说是其他人的错，也要听听另一方孩子的说法。

在我们那个年代，父母会先责备自己的孩子，现在则不是，家长会主动找老师反应很多事。切记，不要小题大做，造成老师的困扰，甚至会让孩子与同伴产生相处障碍。

若调查清楚，自己的孩子真的受到同学不合理的对待，请及早处理，这是我在国外学到的处理态度。一味的退让，可能给孩子带来更大的危机，演变成难以收拾的欺凌事件。

过后再来处理，受害者与加害者都会留下心理创伤。除了找老师处理，也要教孩子融入其他的交友圈，双管齐下。季刚刚去加拿大时，碰到同学欺负他，家教就要他去跟外国同学交朋友，当他有了同伴，那位同学再也不敢欺负他。

Q：孩子哭闹时，可不可以打？

现在有些教育方式强调父母不要打小孩，但当孩子被惯坏，十分不听话，再不教训，愈来愈无法无天时，到底父母可不可以打孩子？又该怎么拿捏呢？

我的想法是，尽量少打孩子，如果孩子用说的不听，该打还是要打，但不是乱打，更不能让他受伤。只要让他有痛的感觉，能够知错即可，毕竟小朋友的理解力不像初、高中生孩子那么高。

关于体罚这件事，父母要慎重，因为常打孩子，久了，他们也皮了。印象中，我打过两兄弟的次数屈指可数，都是在初中之前。升上初中后，我就没打过他们，他们做错事时，我会讲道理给他们听，因为他们的年纪，已经有足够的理解力。季衡曾说我的眼睛像 X 光，他们在我的面前无所遁形。而且我会看情节轻重，有时明知孩子没说实话，也不会当场拆穿，而是让他们自己主动承认错误。

有一次爬山时，我看到一对母女的互动情形，十分受教。那位小女孩年约一岁半，由于前天才下过雨，山路不好走，小女孩又穿裙子，一路哭，那位妈妈很有耐性，没有责骂女儿，而是用鼓励的方式，让她成功爬上山。休息过后，小女孩跟着妈妈下山，走着走着，她不想走了，又开始哭，我很好奇这位妈妈会如何处理？因为再用同一招，对小孩是没用的。

只听她跟女儿说："妹妹，我们下山后去吃冰激淋，好不好？"一听到有冰激淋可吃，小女孩果真不哭了。走了一段路后，妈妈又问："妹妹，你想吃什么口味呢？草莓还是巧克力？"小女孩的心思全都在等会要吃的冰激淋口味上，不知不觉走完下山的路。这个例子提供给大家参考，当孩子哭闹时，转移他的注意力是不错的方法。

我也看过朋友是直接叫孩子站到角落，面壁思过，让孩子自己去思考，这也是蛮好的教养方式。

Q：怎么创造亲子的亲密感？

亲密感没办法速成，从小要养成与孩子互动的习惯，而且长大也要持续经营。有位朋友来找我时，看到季衡抱着我撒娇，惊讶地问你的孩子跟你好亲，你是怎么做到的？

我开玩笑回她："我们家吃肉，所以比较热情，你们家吃素，感情比较淡定。"其实，你花多少时间经营，就会有多少亲密感。父母永远要知道孩子现在心里在想什么，现阶段的他喜欢什么、关注什么，认为什么最重要。

因此就算再忙，我都会找时间跟儿子聊聊天，平日也会多制造亲子互动的机会。父母都很忙的话，也要协调有一方能够抽空陪孩子。教养不是让下一代的生活无虑就好，还要给时间跟孩子交心。很多亲子沟通问题是出在无法交心，孩子都把心事跟别人说，不跟父母说。新时代父母要做能让孩子愿意交心的对象。

Q：如何做一个好妈妈？

有一次，我跟先生到台东玩，在回台北的火车上，听到两位女生的对话。一位女生很不耐烦地讲完电话，同伴问她是谁打来的？她回答："还有谁？我妈打来的。每天都讲一样的话，不用理她！"虽然我不认同这位小女生的口气与行为，但我脑海中突然闪过一个问题，现代的孩子认为怎么做才是一位好妈妈呢?

我的答案是，不唠叨的母亲就是好妈妈。对孩子来说，唠叨成了妈妈的代名词。现在的孩子愈来愈聪明，他们面对的未来世界远比我们想象的多变、复杂。我开玩笑说，以前有一套《一千个为什么》的儿童丛书，现在则是《十万个为什么》都不够用。

爱之深，责之切，全天下没有不唠叨的父母。我自己也无法做到完全不唠叨，但可以练习讲重点，这样也算一位还不错的妈妈。想不唠叨，请先学着当一位不过分要求的妈妈吧。我绝对不去要求孩子们要对我如何好，任何事只想七分，得到八分，就会满足。如果你想得到十分，给你九分，你就会失望。

孩子来到这个世界，只要他们对自己有正确认知，能够凭自己的本事实在地生活，对社会负责，父母就该心满意足。不要去比较孩子的成就，这是没得比的!

另外，要注意，不要被你的孩子"炒鱿鱼"，做什么事都不想让你参与。现在的孩子自尊心强，他们会希望父母跟他出去能够加分，要做到让他们很高兴把你介绍给朋友。

Q：全职妈妈需要打扮自己吗?

我当了多年的全职妈妈，有个始终如一的原则：出门一定打扮整齐，即便只是买菜，也不要穿着拖鞋出门。我觉得，妈妈要好好爱自己，才会有更多正面能量可以爱家人、朋友，适当的打扮是爱自己的第一步。

在我的人生中，唯一疏于打扮的时期是刚移民到温哥华时。为了带孩子适应新生活，当地物价又贵，想到先生只身在“台湾”辛苦打拼，实在舍不得花钱在打扮上。比起在“台湾”，我可以经常上美容院整理头发，在国外那段时间看上去实在很糟糕！季刚那时曾形容：“你现在不像我的妈妈！”

因为孩子这句话，我开始恢复打扮自己的习惯，也发展出自己的装扮哲学。我喜欢简洁、有质感的搭配，除了花衬衫之外，在我身上，通常找不到第三种颜色。例如我今天选择灰色上衣，裤子、提包的配色就会以不同深浅的灰色为主。家庭主妇也可以很优雅，适度的打扮让别人看起来舒服，自己心情也会好。

季刚成为设计师后，我也会跟他请教整体搭配的秘诀，女人如何看起来时尚又优雅？他告诉我，掌握全身想突显的“唯一”重点。例如今天想突显耳环，就不要把首饰全戴在身上，结果便会失焦。

除了外在打扮，内在也非常重要。多年来，我维持每个月至少听一场好演讲的习惯。我不会限定主题，因为当你有愈广泛的知识，才会知道趋势在哪，也才有办法跟孩子互动。

其实，这要感谢先生。以前，我就像连续剧里的传统家庭主妇，每天专注在打理家务上，他建议我应该走出去，才不会只盯着小事看，于是帮我报名扶轮社活动。我还记得第一次去参加聚会，回来后我跟先生说下次不去了，因为有自惭形秽的感觉。先生鼓励我多去几次，一定会有收获。果真，去了几次，我发现有好多可以学习的地方，包括别人的举手投足、社交场合的接人待物等，尤其社团常举办各种演讲，我从中吸收到很多新知识。

当我愿意走出去后，先生也带着我参加商场上的大小宴席。我会观察主人家招待客人的态度与方法，学习其他人的优点，应用在家里宴客上。很多朋友都很讶异我怎么会记住他们的喜好，其实，这也是学习的。

我鼓励女性要走出家门，提升自己，同时多交朋友。我常说自己最大的资产就是“友情”，三人行必有我师，不管是家庭主妇或是职业妇女，每个女人都要懂得打扮自己以及拥有自己的朋友圈。很多女性单身时有自己的朋友与生活空间，结婚后就变得没有自我，感觉只为别人而活，长此以往也会影响到婚姻的经营。

曾有一位妈妈问我，当宗教信仰与夫家不同时，该怎么办？我自己就是这样的情况。我们家是基督教，我从小跟着妈妈上教堂做礼拜，先生家是传统的佛道教。一般来说，基督徒不能拿香拜，可是先生是幺儿，每逢过年节日需要祭祖，我的做法是结婚后跟主耶稣请假，然后入“家”随俗，因为不需要为了宗教形式引起不必要的纷争，我并没有因此不开心，因为信仰是在心中，我还是维持在心里祷告与感恩主的习惯，心灵也获得了滋养。

Q：孩子谈恋爱的对象我不喜欢，想反对到底。

根据我的观察，恋爱是没有办法干涉的事，通常父母愈反对，年轻人愈爱。

以前季衡曾交往过一个我觉得不太合适的女朋友，我的做法是给予孩子最大的自由，也没有反对他们交往。因为我从身边朋友的例子发现，阻力愈大，孩子反而愈难分难舍。

那时，我找适当机会跟儿子说，妈妈希望他未来伴侣的条件有三个。第一是身体健康，没有后顾之忧，人生才有办法往前走；第二是学识相当，如果一方是研究生毕业，另一方至少要大学毕业；第三是有完整的家庭，最好双方家庭背景与成长环境不要有太大的差异，彼此的价值观才会相近。

我也提醒孩子，婚姻是人生很重要的阶段，恋爱时，很多差异可以暂时忽略，但真正要一起生活，就会产生很多冲击，甚至成为离婚的原因之一。

如果父母觉得孩子的交往对象不好，请用理性沟通的方式，分析你的理由给孩子听，但不要强迫他们分手，你愈反对，孩子也会愈反抗。请给孩子们自由，尊重他们的恋爱自主权，相爱容易相处难，过了热恋期，经过更长时间的相处，他们自己会判断这段感情是否能够维持。

决定送孩子出国念书，我心里很清楚，他们将来不一定会回“台湾”，另一半也有可能是外国人，因此我也不会规定孩子未来的对象一定要是什么种族。那时我认真学英文另一个重要原因是，万一未来的儿媳妇不是华人，若我不会说英文，如何跟她与孙子沟通？

不过，我做了两件事，一是养成孩子的中国胃。味觉是记忆，当孩子从小到大都习惯吃中国菜，就算思想洋派，也会比较想回家。二是我只跟他们讲中文，因为人不能忘本。我送他们去学日文、法文、英文，唯一没送他们去学的语言就是中文，因为在我们家“Only Chinese”！当初我只是单纯觉得中国的文化还是很重要，没料到 20 年后，学中文会成为西方世界的风潮呢。

Q：该怎么为孩子选择最好的学校？

我不赞成以“名校”作为唯一的选择标准，逼着孩子念名校，或许能达成父母的期望，孩子日后表现可能也不错，但他未必快乐。

很多父母会感叹，千辛万苦送孩子进名校，孩子却不好好念书。有时，可能是因为学校引不起孩子的学习兴趣。管理学说，人才要放在对的位置，同理，孩子也要放在对的学校。所谓对的学校，不是指世界百大名校，而是适合孩子心性发展的学校。别人家的孩子读斯坦福大学，表现得很好，但不见得适合自家的孩子。

我帮孩子找的学校发展重点都会尽量符合孩子的兴趣，例如，季衡读的学校一定会有篮球队、音乐社团、日文课程等，季刚读的学校自然会偏向艺术。幸运的是，在我妹妹陈美龄的帮忙，我们才知道怎么帮孩子选择适合的学校。

以美国学校为例，很多学校都有不同特色。以运动来说，有些学校可能是篮球很好，有的划船很突出，有的骑马是特色等，孩子不只是到学校念书，如果能够在这些符合孩子兴趣与天分的特色学校里，找到排名前 10 名的好学校，那对孩子的未来一定有帮助。

因此，父母帮孩子选择学校，并不是把他们送到排名最前头的名校，而是从能让孩子发展兴趣的特色教学里，依孩子的成绩与能力，找寻最合适就读的学校。

刚从国外回来的头几年，我本想免费举办如何帮孩子选择适合的国外学校的讲座。因为我发现，很多父母费了好大工夫，把孩子送到国外念书，却因为没有透明的信息与足够的知识去为孩子选择合适的学校，导致孩子读不下去，不断换学校，严重一点的后遗症是孩子找不到自己的定位，最后走上偏路。我在那里看到不少“移民悲歌”，十分感叹！后来因为先生希望我能帮忙发展事业，这个计划就无法执行，想想都觉得很可惜。

Q：孩子想念职业技术大学，不想念普通大学，这样好吗？

有些孩子真的对念书没兴趣，与其逼孩子读没兴趣的普通大学，倒不如循着孩子的兴趣，让他就读可以兼顾专业技能与基本学科的职业技术大学。只是父母要让孩子知道，基础教育还是很重要，但要用软性攻势，千万不要硬逼孩子念书，免得孩子更加排斥学科的学习。不爱念书的孩子，父母要从日常生活中观察他对什么比较有兴趣。孩子未必说得出来，但父母要观察与深入挖掘，给他们机会发展。

如果孩子有很明确的兴趣，如餐饮、设计等，走职业技术教育是不错的选择，因为可以学习到很多实务经验，理论与实务是需要并行的。

就像季刚一开始学裁缝时，觉得自己手拙不想再学下去。老师鼓励他说：“一位设计师如果不能自己从头到尾把布料制作成衣服，你的设计图只是一个想法，不会成为作品。就算你之后变成名设计师，还是要会裁缝，这样你才有办法跟师傅沟通，这里要怎么做、那里要怎么做。”

我很赞成“台湾”发展职业技术体系高校，让孩子有其他选择。职业技术体系除了专业科，也有基本学科，孩子不需要花大部分时间在基本学科上，专业科的好表现也会为这个孩子带来成就感。

只是许多父母还是放不下，就像我有位朋友的孩子很喜欢料理，从初中时就告诉我想走这条路，因为有的经验，我帮他跟父母沟通："这孩子是真的喜欢料理。"朋友觉得男生去学料理是一件很荒谬的事，迟迟不愿妥协。最后，这孩子念完父母安排的学业后，再进入餐饮专门学校学料理，这时他已经年近 30，起步实在太晚。

我觉得很可惜，因为这个孩子很早就发现自己的梦想，却因为父母的坚持，绕了一大圈，才走回自己喜爱的料理之路。如果父母能够转变观念，孩子不是可以少花点时间走冤枉路吗？我自己在季衡身上，也差点犯了这样的错误。孩子不快乐，父母很难真的快乐，与其如此，不如学着放手。

父母的视野要远一点，职业无分贵贱，端看你从哪种角度看它。十多年前，大家也没料想到，服务业会成为明星行业。以前说"剪头发"，现在是"设计师"，以前做清洁是社会下层的工作，现在变成一个新行业，出现很多高学历者创业的专业清洁公司。我常告诉公司员工，再细微的工作都有其专业之处，将来最需要专精之人，孩子只要在一个小领域变成精英，父母就不用担心他的未来。

我刚到温哥华时，家里的水电出问题，好不容易通过一位朋友介绍，找到水电工人，结果他稍微弄一下就好了，花了不到 3 分钟，收费约 310 元人民币。我问他为何这么贵？他说从他出发就开始计费。我相信，以后"台湾"的社会也会变成如此，这种需要技术的基层工作会很吃香。

Q：孩子想读的专业很冷门，怕他毕业后，将来找不到工作。

以前的父母有个误区，只要孩子上台大，不管读哪个专业都可以。我有个同学就是因父母的期待，念了台大考古学系，但那时他对考古没兴趣。

国外是选系优于选校，我认识一位全校第一名的香港学生，他对理工有兴趣，哈佛也提供全额奖学金，最后他选择加州理工学院；而想念商业的学生，他们可能优先选择华盛顿商学院，而不是斯坦福大学。

选系也要注意，3 年前很热门的科系，三年后不见得热门。举例而言，以前想尽办法考上医学院，现在可能读心理咨询更为吃香。社会愈进步，衍生出的问题也愈多，在国外，很多人都有自己的心理治疗师。

10 年风水轮流转，1 年前很火的工作，1 年后不见得持续发烧，当你在为孩子做远程的人生决定时，还是要回到教养的核心——顺应他的天赋，开拓他的视野。

另外，现在每对父母都想把小孩培养到硕博毕业，但有很多工作需要的是专业技能，不需要那么高的学历。我的想法是，除非孩子自己对研究学问有兴趣，否则父母不要一直逼孩子往上攻读硕士、博士学位。

Q：孩子想去打工，好吗？

我很愿意给孩子打工的机会，这是最珍贵的生活体验，还能从中培养抗压性与解决问题的能力。季衡曾到美语补习班教英文，结果变成最受小朋友欢迎的老师；他申请生物系前也曾到医院实习，先认识医院的生活环境。

季刚的商业智慧更是从打工经验累积而来。他高中开始帮玩具公司设计娃娃，自己学会谈判，老板也答应他的 3 个条件。一是每款娃娃限量 1000 个；二是包装外盒和娃娃身体都要打上“Jason Wu”的品牌名；三是产品必须在纽约梅西百货 (Macy’s) 上架。

第一款娃娃上市后，销售一空，老板希望再量产 1000 个，季刚不答应，坚持他的品牌定位，限量 1000 个。老板退而求其次，提议将原本的白人娃娃改成黑皮肤。季刚认为这个折中方法可行，但他也不贪心，告诉对方不需再多给他费用，因为对方已经做到他要的。正是因为他诚信的态度，为他赢得长期合约。

打工可以让孩子看到更大的世界。大学时，季刚到了纽约，发现这个世界人才济济，自己要更努力。他还到酒吧打工，光是小费，就足够他一个星期的生活费，重点是他在那里结识了时尚界人脉，为自己参展预约入场券。

很多父母反对孩子去打工，最主要的考虑是怕学坏，不妨从小教给孩子正确的价值观才是治本之道。

Q：孩子喜欢打电动，太过爱漂亮，追求流行，但我认为不好，禁止他这么做。

打电动、追求流行是每个孩子成长过程中都会发生的事。父母的威严不是万灵药，不如多听听孩子的声音，让其主动跟你分享想法。

季衡和季刚也是。他们那时流行任天堂游戏机，但当时我的看法，任天堂是“毒药”，一会影响孩子的视力，二会因为着迷，荒废功课，所以我坚持不买给他们。可是，有一天大儿子回家跟我说，因为家里没有任天堂，害他没有朋友，因为大家下课都会讲游戏里头的角色，分享破关心得，他根本插不上同学的讨论。

后来，我改变心意，买了任天堂给他们，而且让孩子的同学来我们家一起玩。不管孩子想做的事情是好是坏，父母都要先倾听孩子的想法，因为他们的角度跟我们不同。

爱美是人的天性，孩子也是。这些也都出现我的两个孩子身上。我早期的观念很保守，认为男孩子染头发、穿耳洞就是不好的行为，刚开始也是禁止。季衡比较听话，但季刚就很有自己的想法，去买来的耳环，自己去染头发，每段时间换一个发色，我不在身边，禁止也没用，后来是他觉得玩过了，加上工作忙碌，没时间整理头发，干脆理了个超短小寸头。

我认为，父母无须太过担心，只要不影响孩子的品格，追求流行是每个人成长的必经阶段。如果再重来一遍，我可能反过来，与孩子一同讨论时尚趋势，创造亲子间的共同话题呢。

给妈妈的话

亲爱的妈咪：

我的教育，来自您对我生活中仔细关照和爱，以及从小学习父亲诚恳务实的做人态度。

您与爸爸以身作则，教会我和弟弟尊敬长辈、友爱兄弟，并教导我们乐于分享、与人为善的道理，告诉我们每个人生而平等的观念，这些生活细节，耳濡目染成了我们的习性，让我们养成负责的性格，人生因此明朗开阔。

拥有开明的父母，让我们做自己，是我的幸福。

I love you mom.

I love dad.

I love Jason.

季衡

JASON WU

Dear Mom,

I can't believe how fast time has gone by. I still remember you taking me to paper clay classes in Vancouver and driving me to Tara even in the snow. Your dedication to me and Kevin is amazing, and I want to let you know how much I appreciate you. I have achieved a lot in my life so far, but none of it would be possible without you. You are my support system and inspiration. Happy 60th Birthday!! Love, Jason.

亲爱的妈咪：

时光飞逝，我清晰记得在温哥华时，您带我去上纸黏土课。大雪中，您开着车送我去塔拉（Tara）的工作室。您的付出，对我和哥哥来说是多么感人，我要真心告诉您，非常感激您为我所做的一切。如果没有您，我的人生不可能达到今日的成就。您是我的支持力量，也是我的灵感来源。

祝您 60 岁生日快乐！

爱您的　季刚

采访后记

是教养书，也是家庭经营书

季衡曾问我：“教养书有用吗？每个人都不一样，教大家复制出第二个季刚，或是下一个季衡，没什么意义。”

他所言甚是。我跟季衡是同辈人，一开始就没打算写一本教养手册或法则，在这本书里，我们想表达的是，教养的根本是要让孩子天赋自由。因此，以第一人称的叙事，写出一位母亲因为小儿子出色的天赋不符合当年社会主流价值，从内心挣扎到反思社会价值观，决心打破传统框架，自己改变了，最后也教出两个能够做自己的孩子的故事。

人生有酸甜苦辣，每个人的比例不同，但只要能够做自己，快乐会让一个人变得正向思考，碰到再辛苦、心酸的挑战，总能想法子度过，享受人生。在季刚自创品牌的过程中、开创事业的实践里，都能见到这样的成果。

采访吴妈妈时，有个问题常浮现在我的脑海，若没有吴妈妈，会有华人之光吴季刚吗？开始动笔后，第二个浮现的问题是，如果吴妈妈的另一半不是吴爸爸，第一个小孩不是季衡，能够教养出吴季刚吗？

我从这家人身上观察到，成功的教养是要用一个“家”的力量，好好经营夫妻与亲子关系,缺一不可。吴妈妈扮演了“爱的控球后卫”角色，细腻地让爱在家庭流动。季刚成名后，她要小儿子打电话谢谢哥哥:“因为不太需要我们操心，我们才能将心力放在你身上，给你足够的资源，成就你的天赋。”

初稿完成后，我和这家人共同看稿。

吴爸爸虽然一开始不赞同吴妈妈出书，但却从初稿到定稿，细细看了好几遍（媲美专业编辑），改正并还原时空背景。也是因为吴爸爸，吴妈妈改变观念，接纳小儿子喜欢收藏娃娃的兴趣，以及放手让一路是资优生的大儿子转离医学院预科。如果没有这一位有睿智的支持者，两兄弟不会有如此精彩的人生。

书中主角之一季衡，除了看自己的那部分稿子，也帮另一位主角弟弟季刚把关，补充说明遗漏之处，手足情深。

我印象深刻的是，季衡诉说季刚刚到纽约读大学，他开车去找弟弟，两兄弟谈论未来。他知道弟弟会长住国外，作为兄长，当下决定毕业后回到亚洲,“我们两人总要有一位离父母近一点。”他笑着说。

我不知他是否动过要留在美国发展的念头，我没问出口，因为觉得答案不重要了！他最后选择回到“台湾”，努力耕耘“从产地到餐桌”的绿色梦想，同时又陪在父母身旁。

这不仅是一本教养书，更是一个家庭经营爱的故事，值得大家细细品味。

采访人林静宜

如何引导，
青春期孩子才会听
把爱化为理性引导，用睿智帮 8～16 岁
孩子安然度过“暗流涌动”的青春期
SPH